토픽으로 잡는

똑똑한
초등 독해 **3**권

웅진주니어

토픽으로 잡는 **똑똑한 초등 독해**

독해력은 새로운 정보와 지식을 받아들이는 도구로서 학습 능력을 좌우하는 중요한 능력이에요. 단순히 글자를 읽는 것이 아니라 글에 담긴 글쓴이의 의도를 파악하고, 글을 통해 알게 된 내용을 생활에 활용하는 능력까지 포함해요. 독해력의 바탕은 세 가지예요. 첫째, 어휘력이에요. 어휘는 글의 기본 요소로, 어휘의 뜻을 모르면 글의 내용을 알 수 없어요. 따라서 어휘를 많이 알수록 독해력이 좋아져요. 둘째, 배경지식이에요. 배경지식이 풍부하면 글에 숨겨진 의도와 생각을 짐작할 수 있어, 글을 더 재미있고 효과적으로 읽을 수 있어요. 셋째, 글의 종류에 적합한 읽기 방법이에요. 글의 갈래에 따라 주제를 찾는 방법도 다르기 때문에 갈래마다 알맞은 읽기 방법을 알아야 해요. 「토픽으로 잡는 똑똑한 초등 독해」는 어휘, 배경지식, 갈래에 따른 읽기 방법을 익힐 수 있도록 구성했어요.

이 책의 특징

1 읽고, 이해하고, 알아 가는 즐거움이 있는 새로운 독해 프로그램!

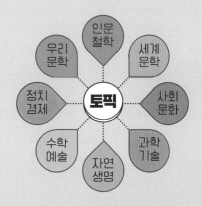

낱낱의 주제를 가진 지문을 읽고 문제를 푸는 방식에서 벗어나 하나의 토픽을 중심으로 다양한 영역의 지문을 담았습니다. 토픽을 다양한 관점에서 살펴보고, 탐색하는 과정에서 읽고, 이해하고, 알아 가는 즐거움을 느낄 수 있어요.

2 호기심을 자극하는 토픽으로 교과를 넘어 교양까지!

국어, 수학, 사회, 과학 등의 교과와 추천 도서에서 뽑은 인문, 철학, 사회, 문화, 자연, 과학, 수학, 예술 등 여러 영역을 아우르는 토픽을 통해 교과 지식은 물론 폭넓은 교양을 쌓을 수 있어요.

함께 공부할 친구들

하트
자연을 사랑하고
마음이 따뜻한 다정이

부키
항상 책을 끼고 다니며,
정보를 모으는 수집가

뉴뉴
신기하고 새로운 것을
좋아하는 호기심쟁이

스타
세상에서 음악과 친구가
제일 좋은 열정쟁이

드림
세상의 모든 아름다움을
마음에 담고 싶은 예술쟁이

꼬리에 꼬리를 물고 이어지는 글을 읽으며
독해력, 사고력, 표현력을 한 번에!

꼬리 물기 질문을 통해 독해 포인트를 알고 효과적으로 글을 읽을 수 있어요. 또 토픽에 대한 생각을 글로 표현하며 독해력과 사고력, 표현력을 키울 수 있어요.

글의 종류에 알맞은 핵심 질문을 통해
어떤 글도 자신 있게!

신화, 고전, 명작 등의 문학 글과 설명문, 논설문, 편지, 일기 등의 비문학 글까지 다양한 형식의 글을 접하고 읽는 즐거움을 경험해요. 여러 형식의 문제를 풀며 어떤 글이든 읽어 내는 자신감을 키워요.

독해력의 기초인 어휘력을 탄탄하게!

한자어, 합성어, 파생어, 유의어, 반의어, 상·하의어처럼 어휘 관계를 통해 어휘를 익히고, 관용 표현, 맞춤법도 배워요.

이렇게 공부해요!

1단계 흥미로운 토픽으로 생각의 문을 열다!
토픽에 관련한 다양한 질문을 읽으며 배경지식을 활성화하고, 학습 계획을 세워요!

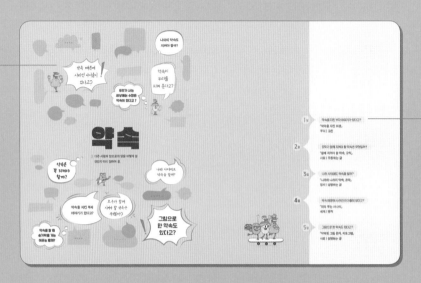

질문을 읽으며 토픽에 대해
알고 있는 것을 떠올려 봐!
아는 것을 많이 떠올릴수록
글을 더 잘 읽을 수 있어!

날마다 읽게 될 글의
갈래와 제목을 살펴보며
공부 계획을 세워 봐!

2단계 질문에 대한 답을 찾으며 생각을 키우다!
읽기 목표에 따라 글을 읽고, 질문을 통해 갈래에 알맞은 읽기 방법을 배워요!

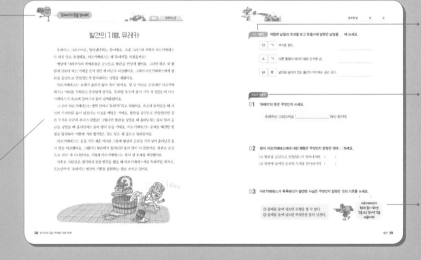

글에서 꼭 살펴야
할 내용이 무엇인지
먼저 보고, 읽기의
목표를 세워 봐!

뜻풀이를 보며 어휘를
맞혀 봐! 초성을 보면
쉽게 답을 찾을 수 있어!

글의 갈래에 따라 꼭
알아야 할 것을 묻는
문제야. 질문에 대한
답을 찾으며 독해력을
키워 봐!

곳곳에 도움을 주는
친구가 있어! 친구가
하는 말을 읽으면 문제가
술술 풀릴 거야!

글의 중심 내용이 무엇인지
생각하며 차근차근 글을 읽어 봐!

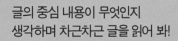

3단계 다양한 어휘 활동과 토픽 한 줄 정리로 생각을 넓히다!

독해력의 기초인 어휘력을 탄탄히 다지고, 내 생각을 글로 표현해요!

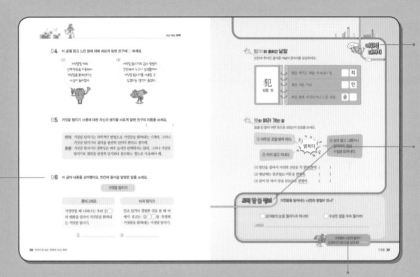

어휘력을 키우는 다양한 활동이 있어. 힌트를 보며 문제를 풀고, 어휘와 뜻을 큰 소리로 읽어 봐!

토픽에 관한 네 생각을 써 봐! 날마다 생각을 쓰는 연습을 하면 표현력도 쑥쑥 자랄 거야!

마지막 문제는 글의 내용을 정리하는 요약하기야. 빈칸을 채워 글을 완성하고, 큰 소리로 읽어 봐! 글의 내용을 기억하는 데 도움이 될 거야!

다음에 이어질 글의 내용을 짐작해 봐! 그리고 내가 짐작한 내용과 실제 글의 내용을 비교해 봐!

4단계 스스로 학습을 점검하며 생각을 다지다!

내가 알고 있는 것과 모르는 것을 구분하는 메타 인지를 훈련해요!

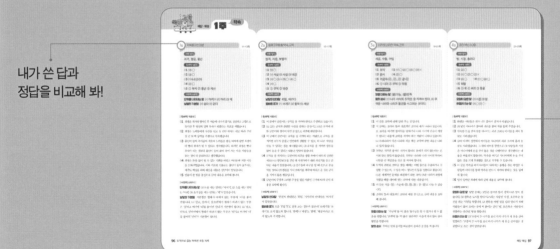

내가 쓴 답과 정답을 비교해 봐!

문제에 대한 자세한 풀이가 있어. 내가 제대로 풀지 못한 문제는 무엇이고, 답이 왜 틀렸는지 생각해 봐!

|차례|

1주 모험

톰 소여의 모험	10
지구의 남쪽 끝을 향한 모험	14
달에 첫발을 내딛다	18
새로운 것에 도전하는 회사	22
부모님을 찾아 떠난 오늘이	26

2주 숲

숲의 소리	32
곶자왈에 다녀와서	36
동물들의 겨울나기	40
정글에서 자란 모글리	44
맹그로브 숲을 지켜요	48

삼신할머니 이야기	54
소망을 담은 그림, 민화	58
잭과 호박 등	62
전통의 나라 영국을 소개합니다	66
연날리기	70

3주
전통

4주
자연재해

포세이돈과 오디세우스	76
화산 폭발로 사라진 도시, 폼페이	80
지진에 대비해요	84
홍수에서 살아남은 나무 도령	88
비가 내리기를 비는 제사, 기우제	92

재미있는 모험 이야기가 있을까?

사람들은 왜 모험을 하고 싶어 할까?

절대로 하면 안 되는 모험도 있을까?

모험가들은 왜 어렵고 힘든 일에 도전할까?

모험

| 위험을 무릅쓰고 어떤 것에 도전하는 일.

사람들은 어디로 모험을 떠날까?

꼭 필요한 모험이 있을까?

위험한 것을 알면서 왜 모험을 떠날까?

유명한 모험가는 누구일까?

모험은 언제 필요할까?

모험을 통해 무엇을 얻을까?

1일   재미있는 모험 이야기가 있을까?

「톰 소여의 모험」

세계 | 명작

2일   모험가들은 왜 어렵고 힘든 일에 도전할까?

「지구의 남쪽 끝을 향한 모험」

사회 | 설명하는 글

3일   사람들은 어디로 모험을 떠날까?

「달에 첫발을 내딛다」

과학 | 일기

4일   모험은 언제 필요할까?

「새로운 것에 도전하는 회사」

사회 | 설명하는 글

5일   모험을 통해 무엇을 얻을까?

「부모님을 찾아 떠난 오늘이」

우리 | 신화

톰 소여의 모험

"모험을 떠나는 거야!"

톰의 말에 베키가 눈을 반짝였어요.

"맥두걸 동굴로?"

"응! 아무도 가 보지 못한 곳에 우리가 맨 처음 들어가는 거야. 동굴 속이 어떻게 생겼는지, 뭐가 있는지 궁금하지 않니?"

톰이 손을 내밀자, 베키가 그 손을 잡았어요. 함께 동굴로 들어간 톰과 베키는 얼마 못 가서 길을 잃어버리고 말았어요. 베키가 두려워하자, 톰이 말했어요.

"걱정 마! 우린 반드시 여기서 나갈 거야!"

말은 이렇게 했지만, 톰도 겁이 났어요.

"희망은 걸어 들어오지 않아. 찾아 나서는 거지!"

톰은 허리에 줄을 맸어요. 그리고 줄의 반대쪽 끝을 베키에게 쥐여 주었어요.

"이 줄을 잡고 여기서 기다려. 내가 길을 찾아볼게."

한 치 앞이 보이지 않는 동굴 속을, 톰은 벽을 더듬으며 앞으로 나아갔어요. 그러다 인디언 조가 보물을 숨기는 것을 보았어요. 인디언 조는 보안관이 쫓고 있는 무서운 범죄자였어요.

'여기가 인디언 조의 보물 창고구나!'

톰은 인디언 조를 피해 마침내 동굴 밖으로 나가는 길을 찾아냈어요.

마을로 돌아온 톰은 보안관에게 인디언 조가 동굴에 숨어 있다고 알렸어요. 보물 이야기는 쏙 빼고요. 보안관은 동굴을 폐쇄할 거라며 톰을 노려보았어요.

㉠"모험이라는 게 얼마나 위험한지 잘 알 테니 다시는 동굴에 가지 않겠지?"

톰은 고개를 끄덕였어요. 하지만 속으로는 이렇게 생각했어요.

'다시 동굴로 모험을 떠나야지. 아무리 위험하다 해도 이렇게 설레고 흥분되는걸. 그리고 인디언 조의 보물도 꼭 찾을 거야!'

어휘 알기 색칠한 낱말과 초성을 보고 뜻풀이에 알맞은 낱말을 ___에 쓰세요.

| ㅍ | ㅅ | 문 따위를 닫아걸거나 막아 버림. _____

| ㅎ | ㅁ | 어떤 일을 이루거나 하기를 바람. _____

| ㅂ | ㅇ | ㄱ | 미국에서 동네의 질서와 안전을
맡아보던 사람. _____

독해력 기르기

01 톰이 누구와 함께 어디로 모험을 떠났는지 쓰세요.

친구 [ ][ ] 와 함께 [ ][ ] 로 모험을 떠났다.

02 이 글의 내용으로 알맞으면 ◯, 알맞지 않으면 ✕ 하세요.

(1) 톰은 동굴 안에서 인디언 조와 이야기를 나누었다.   (   )

(2) 톰과 베키는 무사히 동굴을 빠져나왔다.   (   )

(3) 보안관은 톰 덕분에 인디언 조의 보물을 찾을 수 있었다. (   )

03 이 글에 나타난 톰의 성격으로 알맞은 것은 무엇인가요? (   )

① 조심성이 지나치게 많고 용감하지 못하다.

② 자기 자신만을 생각하는 이기적인 성격이다.

③ 모험을 두려워하지 않고 용기가 있다.

④ 화를 잘 참지 못하고 공격적이다.

⑤ 조용하고 부끄러움을 많이 탄다.

> 톰이 하는 말과
> 생각, 행동을 통해
> 성격을 짐작해 봐.

04 이 글을 읽고, 자신의 경험에 빗대어 감상을 알맞게 말한 친구에 ○ 하세요.

(1)
> 나도 캄캄한 동굴에 견학 갔을 때 춥고 무서웠어. 동굴 속에서 끝까지 용기를 잃지 않은 톰이 정말 대단한 것 같아.

(2)
> 톰이 나처럼 태권도를 잘한다면 인디언 조를 잡을 수 있었을 텐데…… . 인디언 조와 마주쳤을 때 도망쳐 나오다니 톰은 겁쟁이 같아.

05 보안관이 ㉠과 같이 말한 까닭에 대해 바르게 이해한 친구의 이름을 쓰세요.

( )

> 연아: 보안관은 톰이 다시 동굴에 가길 바라지만, 일부러 반대로 말하고 있는 것 같아.
> 지유: 톰이 혼자서 캄캄한 동굴에 가는 것은 위험하기 때문에 다시는 가지 말라고 주의를 준 거야.
> 승진: 동굴은 위험하니까 다른 곳으로 모험을 떠나라고 제안한 거야.

06 이 글의 내용을 요약했어요. 빈칸에 들어갈 알맞은 말을 쓰세요.

> 톰은 ①☐☐와 함께 동굴로 모험을 떠났다. ②☐☐ 안에서 길을 잃고, 무서운 범죄자 인디언 조와 마주칠 뻔했다. 하지만 인디언 조를 피해 동굴 밖으로 나가는 길을 찾아냈다. 동굴에서 무사히 빠져나온 톰은 ③☐☐☐에게 동굴 안에서 인디언 조를 본 것을 알리고, 인디언 조가 숨긴 보물을 찾으러 다시 모험을 떠날 결심을 했다.

① _____ ② _____ ③ _____

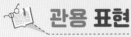

📖 관용 표현

밑줄 친 표현이 나머지와 다른 뜻으로 쓰인 것을 찾아 ○ 하세요.

'한 치'는 가까운 거리를 뜻하는 말이야.

┌───┐
│ **한 치 앞을 못 보다** │ ① 가까이 있는 것도 보지 못하다. │
│ │ ② 아는 것이 부족하고 어리석다. │
└───┘

(1) 심한 폭우 때문에 한 치 앞을 못 본다.

(2) 나는 안경을 안 끼면 한 치 앞을 못 본다.

(3) 그렇게 한 치 앞을 못 보다니 한심하구나.

📖 헷갈리는 말

알맞은 말에 ○ 하세요.

잃어버리다
길을 아예 못 찾거나 방향을 분간 못 하게 되다.

VS

잊어버리다
알았던 것을 기억하지 못하거나 생각해 내지 못하다.

'잊어버리다'는 기억과 관련된 말이야.

(1) 산에서 길을 (잃어버렸어 , 잊어버렸어).

(2) 오늘 도시락을 싸 가는 것을 까맣게 (잃어버렸다 , 잊어버렸다).

(3) 너에게 돈을 갚아야 한다는 사실을 (잃어버렸어 , 잊어버렸어).

토픽 한 줄 정리

톰이 다시 모험을 떠나는 것에 대해 어떻게 생각해?

☐ 찬성!　　　　☐ 반대!

왜냐하면 _____

모험가들은 왜 위험한 일에 도전할까?
궁금하면 다음 장을 넘겨 봐! >>>>>

지구의 남쪽 끝을 향한 모험

지구의 북쪽 끝인 북극과 남쪽 끝인 남극은 얼음으로 덮여 있어요. 그래서 몹시 춥지요. 특히 남극은 북극보다 더 추워요. 겨울에는 기온이 영하 60도 이하까지 내려가서 동식물이 살기 힘들어요. 이렇게 춥고 험한 남극의 한가운데에 있는 남극점을 인류 최초로 정복한 사람이 있어요. 바로 노르웨이의 탐험가 아문센이에요.

1910년 6월, 탐험대를 꾸린 아문센은 노르웨이의 오슬로에서 남극을 향해 배를 타고 떠났어요. 바다 위에 떠 있는 얼음덩이를 헤치고 나갈 수 있도록 만든 배였어요. 1911년 1월, 남극에 도착한 아문센은 추위에서 살아남기 위해 동물 털옷을 입고 개가 끄는 썰매를 타고 남극점으로 향했어요. 남극점으로 가는 도중엔 돌아올 때 먹을 식량을 땅에 묻고 깃발을 꽂아 자리를 표시했어요. 그래서 남극점에 가까워질수록 짐은 점점 줄었고, 더 빨리 갈 수 있었어요. 1911년 12월 14일, 드디어 아문센의 탐험대는 최초로 남극점을 정복했어요.

아문센은 왜 목숨을 걸고 남극을 탐험했을까요? 아문센이 살던 때에 북극과 남극은 사람들이 알지 못하는 땅이었어요. 아문센은 아무도 가 보지 못한 땅을 탐험하고 최초로 정복하고 싶었어요. 그런데 그 당시에 미국인 탐험가 피어리가 북극점을 정복했다고 알려졌기 때문에 아문센은 남극점으로 향했던 것이지요.

지구의 남쪽 끝을 향한 아문센의 용감한 모험이 있었기에 남극이 사람들에게 알려졌어요. 지금 남극은 세계 공동의 땅으로, 여러 나라 사람들이 그곳에서 연구를 하고 있어요. 아문센 덕분에 아무도 살지 않던 남극에도 사람이 살게 된 거예요.

남극점을 정복한 아문센 ▶

어휘 **알기**　색칠한 낱말과 초성을 보고 뜻풀이에 알맞은 낱말을 ___에 쓰세요.

| ㅈ | ㅂ |　매우 가기 힘든 곳을 어려움을 이겨 내고 감.　_____

| ㅌ | ㅎ |　위험을 무릅쓰고 어떤 곳을 찾아가서 살펴보고 조사함.　_____

| ㅁ | ㅅ |　사람이나 동물이 숨을 쉬며 살아 있는 힘.　_____

독해력 **기르기**

01　이 글의 내용으로 바르지 <u>않은</u> 것은 무엇인가요? (　　　)

① 지금 남극은 세계 공동의 땅이다.
② 북극과 남극은 얼음으로 덮여 있다.
③ 남극점을 처음 정복한 사람은 피어리이다.
④ 남극은 북극보다 더 추워서 동식물이 살기 어렵다.
⑤ 아문센이 살던 때에는 사람들이 북극과 남극을 알지 못했다.

02　아문센이 남극을 탐험한 방법으로 알맞지 <u>않은</u> 것은 무엇인가요? (　　　)

① 남극의 얼음을 헤치고 나갈 수 있는 배를 타고 갔다.
② 남극의 추위에서 살아남기 위해 동물 털옷을 입었다.
③ 남극의 얼음 위를 달릴 수 있는 개가 끄는 썰매를 이용했다.
④ 남극점에 가까워질수록 식량을 더 많이 구해서 끝까지 가져갔다.
⑤ 가는 길에 돌아올 때 먹을 식량을 땅에 묻고 깃발을 꽂아 표시했다.

03 이 글을 읽고 알 수 있는 것에 ○ 하세요.

(1) 아문센의 어린 시절과 자라 온 과정 ( )

(2) 아문센이 세계 최초로 남극점을 정복한 과정 ( )

(3) 아문센이 남극점을 정복하고 집으로 돌아온 과정 ( )

04 이 글을 읽고 아문센에 대한 생각이나 느낌을 알맞게 말하지 <u>못한</u> 친구에 ○ 하세요.

(1)
온갖 어려움을 이겨 내고 목표를 이루기 위해 최선을 다하는 아문센의 정신을 본받고 싶어.

(2)
아무도 가 보지 못한 남극점 정복에 최초로 도전하다니, 아문센은 정말 용감한 것 같아.

(3)
남극점을 정복하지 못한 아문센이 포기하지 않고 다시 도전하는 정신이 대단하게 느껴졌어.

05 이 글의 내용을 요약했어요. 빈칸에 들어갈 알맞은 말을 쓰세요.

남극점을 인류 최초로 정복한 사람은 아문센이다.

아문센의 남극점 정복 과정

1910년 6월 노르웨이의 ①◻◻◻에서 출발해 1911년 1월에 남극에 도착했다. 그리고 1911년 12월 14일, 남극점을 정복했다.

아문센이 남극을 탐험한 까닭

아무도 가 보지 못한 땅을 탐험하고 ②◻◻로 정복하고 싶었기 때문이다.

지구의 남쪽 끝을 향한 아문센의 용감한 모험 덕분에 ③◻◻이 사람들에게 알려졌고 남극에 사람이 살게 되었다.

① _____ ② _____ ③ _____

낱말의 반대말

서로 뜻이 반대인 낱말끼리 선으로 이으세요.

섭씨 0도 이하의 온도. · **영하** ·

· **최종** · 맨 나중.

맨 처음. · **최초** ·

· **영상** · 섭씨 0도 이상의 온도.

어떤 일을 여럿이 함께 하는 것. · **공동** ·

· **단독** · 따로 떨어져 혼자 있는 것.

 ## 헷갈리는 말

알맞은 말에 ○ 하세요.

헤치다
앞에 걸리는 것을 물리치다.

VS

해치다
사람의 마음이나 몸을 상하게 하다.

'헤치다'와 '해치다'는 비슷하게 생겼지만, 전혀 다른 뜻의 낱말이야. 정확한 뜻을 알고 바르게 쓰도록 해!

(1) 담배가 아빠의 건강을 (헤친다 , 해친다).

(2) 나는 안개를 (헤치며 , 해치며) 걸어갔다.

(3) 배가 물살을 (헤치고 , 해치고) 나아가다.

토픽 한 줄 정리

남극에 가 보고 싶니?

☐ 가 보고 싶어!   ☐ 가 보고 싶지 않아!

왜냐하면 _____

 우주로 어떻게 모험을 떠날까? 궁금하면 다음 장을 넘겨 봐! >>>>>

달에 첫발을 내딛다

1969년 7월 20일, 달에 착륙한 이글호 안에서

1969년 7월 16일, 케네디 우주 센터에서 아폴로 11호가 발사되던 순간이 떠오른다. 나, 버즈 올드린, 마이클 콜린스 우리 세 사람은 아폴로 11호 안에서 출발을 앞두고 기대와 긴장으로 들떠 있었다. 아폴로 11호가 우주로 들어서던 그 순간, 그토록 바라던 달을 향한 모험이 시작되는 것에 가슴이 벅찼다. 반드시 이 모험에 성공하여 인류 최초로 달에 발을 딛겠다는 결심을 다졌다. 파란 점처럼 작아지는 지구를 뒤로하고 우리는 달을 향해 날아갔다.

우주를 비행한 지 며칠이 지났고 마침내 오늘, 1969년 7월 20일, 우리가 탄 아폴로 11호는 달 궤도에 들어왔다. 달 궤도를 여러 바퀴 돌고 나서 마이클 콜린스는 아폴로 11호에 남아 있기로 하고, 나와 버즈 올드린만 착륙선 '이글호'로 갈아탔다. 그리고 많은 어려움이 있었지만 이글호는 '고요의 바다'라고 이름 지은 달 표면에 무사히 착륙했다.

이제 점검은 모두 끝났다. 나는 곧 이글호에서 내려 내 모험의 도착지인 달의 땅에 첫발을 디딜 것이다. 드디어 해냈다는 기쁨으로 심장이 빠르게 뛴다. 인류 최초로 나, 닐 암스트롱이 달에 첫발을 내딛는 순간은 인류에 영원히 기억될 것이다. ㉠이것은 한 사람에게는 작은 한 걸음이지만, 인류에게는 거대한 도약이다.

지금 지구에서 내 모험을 응원하고 있는 사람들의 함성이 가까이 들리는 듯하다.

▲ 아폴로 11호

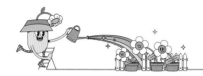

어휘 알기 색칠한 낱말과 초성을 보고 뜻풀이에 알맞은 낱말을 ___에 쓰세요.

| ㅊ | ㄹ | 비행기 등이 공중에서 활주로나 판판한 곳에 내림. | _____ |

| ㄱ | ㄷ | 한 별이 다른 별의 둘레를 돌면서 그리는 곡선의 길. | _____ |

| ㄷ | ㅇ | 더 높은 단계로 발전하는 것을 빗대어 이르는 말. | _____ |

독해력 기르기

01 이 글에서 '나'는 누구인지 이름을 찾아 쓰세요.

02 이 글의 내용으로 바르지 <u>않은</u> 것은 무엇인가요? (　　　)

① 달에 첫 번째로 발을 디딘 사람은 닐 암스트롱이다.

② 이글호는 달의 '고요의 바다'에 무사히 착륙했다.

③ 닐 암스트롱은 착륙선 '이글호'를 타고 달에 착륙했다.

④ 마이클 콜린스는 아폴로 11호에 남아 있었다.

⑤ 닐 암스트롱, 버즈 올드린, 마이클 콜린스 세 사람이 함께 달에 착륙했다.

03 이 글을 읽고 알 수 있는 것에 ○ 하세요.

(1) 인류가 최초로 비행을 하게 된 과정과 그 의미 　　　(　　　)

(2) 인류가 최초로 우주선을 발사하게 된 과정과 그 의미 (　　　)

(3) 인류가 최초로 달에서 모험을 하게 된 과정과 그 의미 (　　　)

04 이 글의 내용 뒤에 일어날 일을 알맞게 짐작한 친구에 ○ 하세요.

(1)
'나'는 달에 가기 위한 훈련을 받고 함께 비행할 동료들을 만났을 거야.

(2)
'나'는 달에 도착하지 못한 까닭을 분석하고 다시 도전하기 위한 준비를 했을 거야.

(3)
'나'는 달에 최초로 도착한 일을 기념하여 달에서 사진을 찍고, 달을 탐사한 뒤에 지구로 돌아갈 거야.

05 ㉠과 관련된 또 다른 예로 알맞은 것에 ○ 하세요.

(1) 갈릴레이가 지구가 태양 주위를 돈다고 주장했지만 아무도 인정하지 않은 일

(   )

(2) 라이트 형제가 수많은 실패를 딛고 최초로 하늘을 나는 비행기를 만든 일

(   )

(3) 아인슈타인이 자신의 연구가 원자 폭탄을 만드는 일에 사용되어 후회한 일

(   )

06 이 글의 내용을 요약했어요. 빈칸에 들어갈 알맞은 말을 쓰세요.

1969년 7월 16일	→	1969년 7월 20일
케네디 우주 센터에서 발사한 ① ☐☐☐ 11호를 타고 버즈 올드린, 마이클 콜린스와 함께 달을 향해 출발했다.		달 ②☐☐를 여러 바퀴 돌고 나서 버즈 올드린과 함께 착륙선 ③ ☐☐☐를 타고 달에 착륙했다.

① _____   ② _____   ③ _____

감정을 나타내는 말

빈 곳에 알맞은 말을 쓰세요.

> **기대**
> 어떤 일이 원하는 대로
> 이루어지기를 바라면서 기다림.

> **긴장**
> 마음을 조이고 정신을
> 바짝 차림.

> **흥분**
> 어떤 자극을 받아 감정이
> 북받쳐 일어남.

(1) 달에서 무엇을 만날지 모르니
_____을(를) 늦추면 안 돼.

(2) 사람들은 내가 달에 무사히
닿기를 _____ 하고 있어.

(3) _____을(를) 가라앉히고,
침착하게 달에 첫발을 내딛자!

 꾸며 주는 말

빈 곳에 알맞은 꾸며 주는 말을 쓰세요.

> 반드시 틀림없이 꼭.
> 그토록 그러한 정도로까지, 그렇게까지.

꾸며 주는 말을 쓰면
문장의 뜻을 더욱 분명하게
나타낼 수 있어.

(1) 내가 _____ 바라던 일이 이루어졌다.

(2) 이번 시험에선 _____ 100점을 맞을 거야!

토픽 한 줄 정리 달에 가서 가장 해 보고 싶은 일을 고르고 이유를 써 봐!

☐ 달에서 사진 찍기　　☐ 달의 흙 만지기　　☐ 달에서 달리기

왜냐하면 _____

 회사도 모험을 할까?
궁금하면 다음 장을 넘겨 봐! >>>>>

새로운 것에 도전하는 회사

힘들고 위험할 줄 알면서도 어떤 일을 하는 것을 '모험'이라고 해요. 회사가 모험을 한다는 것은 '모험 정신'으로 하는 일을 말해요. '모험 정신'은 실패를 두려워하지 않고 새로운 생각으로 도전하는 정신이에요. 회사의 모험 정신으로 만들어진 대표적인 예가 스마트폰이에요.

지금 우리가 사용하는 방식의 스마트폰은 2007년에 미국의 '애플'이라는 회사가 처음 만들었어요. 이 스마트폰은 기존의 휴대 전화에 있던 버튼이 없고, 큰 화면으로 된 모습이었지요. 그 화면 안에는 인터넷으로 사용할 수 있는 다양한 기능이 한눈에 보였어요. 그리고 버튼을 누르는 대신, 화면에 손가락을 대서 조작하는 방식으로 만들어졌지요. 많은 사람들이 이런 스마트폰은 기존의 휴대 전화와 달라서 불편하고, 실패할 거라며 반대했어요.

당시 '애플'의 경영자였던 스티브 잡스는 익숙한 것만 고집한다면 새로운 어떤 것도 만들지 못하고, 사람들의 삶을 더 나아지게 할 수도 없을 거라고 생각했어요. 그래서 실패의 위험을 무릅쓰고 세상에 스마트폰을 내놓았지요. 그런데 그 모험의 결과는 대성공이었어요. 스마트폰은 전 세계 사람들이 사용하는 최고의 인기 상품이 되어 회사는 크게 성장하였고, 스마트폰을 통해 사람들의 삶은 더욱 편리해졌어요. 지금은 스마트폰이 사람들에게 없어서는 안 될 필수품이 되었지요.

이 사례는 회사의 모험 정신이 세상에 어떤 영향을 미치는지 보여 줘요. 회사의 모험 정신으로 새롭고 편리한 기술이 생겨나고 발전하여 사람들의 삶을 바꾸고, 더 좋은 세상이 만들어지는 것이랍니다.

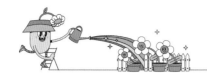

어휘 알기 색칠한 낱말과 초성을 보고 뜻풀이에 알맞은 낱말을 ___에 쓰세요.

| ㄷ | ㅈ | 가치 있는 것이나 목표한 것을 얻기 위해 어려움에 맞서는 것을 빗대어 이르는 말.

_____

| ㄱ | ㅈ | 자기의 의견을 바꾸거나 고치지 않고 굳게 버팀.

_____

| ㅍ | ㅅ | ㅍ | 일상생활에 없어서는 안 되는 반드시 필요한 물건.

_____

독해력 기르기

01 이 글에서 설명한 내용에 알맞게 다음 두 말의 의미를 각각 선으로 이으세요.

(1) 모험 •

(2) 모험 정신 •

• (개) 실패를 두려워하지 않고 새로운 생각으로 도전하는 정신

• (내) 힘들고 위험할 줄 알면서도 어떤 일을 하는 것

02 '애플'이라는 회사가 만든 스마트폰에 대한 설명으로 알맞은 것에 모두 ○ 하세요.

(1) 기존 휴대 전화의 버튼이 없고 큰 화면으로 된 모습이었다. (   )

(2) 기존의 휴대 전화와 비슷하게 버튼을 누르는 방식이었다.   (   )

(3) 인터넷으로 사용할 수 있는 다양한 기능이 한눈에 보였다. (   )

03 이 글을 읽고 알 수 있는 것을 두 가지 고르세요. (,   )

① 회사가 모험을 하여 성공한 예   ② 회사가 모험을 하여 실패한 예

③ 회사가 모험을 할 수 없는 까닭   ④ 회사가 모험을 하는 것의 의미

⑤ 회사가 모험을 한 번만 하는 까닭

04 이 글을 읽고, 스티브 잡스에게 해 주고 싶은 말로 알맞지 <u>않은</u> 내용을 말한 친구의
이름을 쓰세요. (   )

> **나연:** 많은 사람들이 반대했지만 익숙한 것만 고집하지 않고 새로운 스마트폰
> 을 만들어 낸 용기가 참 대단해요.
>
> **우진:** 실패할 위험이 있었는데도 스마트폰을 만드는 모험을 해 주셔서 감사해
> 요. 덕분에 세상이 더 편리해졌어요.
>
> **효령:** 이전에 있었던 휴대 전화와 비슷한 사용 방법으로 스마트폰을 만든 것
> 이 참 현명해요. 그렇게 익숙한 것이어서 스마트폰이 사람들의 필수품이
> 된 것 같아요.

05 이 글에서 말한 모험을 하는 회사로 알맞은 것에 ◯ 하세요.

(1)
> 새로운 제품을 만들었다가
> 안 팔리면 손해만 보게 되지.
> 안전하게 지금 잘 팔리는 제품만
> 계속해서 만들어야지!

(2)
> 실패할 위험이 있더라도 새로운
> 제품을 개발하는 일을 할 거야.
> 사람들에게 도움이 되는 제품을
> 만들어 세상에 내놓아야지!

06 이 글의 내용을 요약했어요. 빈칸에 들어갈 알맞은 말을 쓰세요.

처음 ── 회사의 ① ◻◻ 정신으로 만들어진 것이 바로 스마트폰이다.

↓

가운데 · 스마트폰을 처음 만들 때는 기존의 휴대 전화와 너무 달라서
실패할 거라며 ② ◻◻ 하는 사람이 많았다.
· 스티브 잡스는 실패의 위험을 안고 ③ ◻◻◻◻ 을 세상에
내놓는 모험을 했고, 스마트폰은 사람들에게 필수품이 되었다.

↓

끝 ── 회사의 모험 정신이 더 좋은 세상을 만들어 나간다.

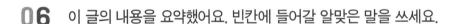

① _____   ② _____   ③ _____

뜻이 비슷한 말

주어진 글자를 이용해 빈칸에 알맞은 말을 쓰세요.

익숙하다	어떤 대상을 자주 보거나 겪어서 처음 대하지 않는 느낌이다.
낯설다	전혀 본 기억이 없어 익숙하지 않다.

다 낯 익

하 먹 서 다

(1) '익숙하다'와 뜻이 비슷한 말은?

☐ ☐ ☐

(2) '낯설다'와 뜻이 비슷한 말은?

☐ ☐ ☐ ☐

뜻이 여러 개인 말

밑줄 친 말이 어떤 뜻으로 쓰였는지 번호를 쓰세요.

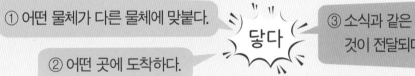

① 어떤 물체가 다른 물체에 맞붙다.

② 어떤 곳에 도착하다.

닿다

③ 소식과 같은 것이 전달되다.

(1) 소문이 어느새 선생님께 닿았다.　(　　)

(2) 버스가 정류소에 닿았다.　(　　)

(3) 내 손에 따뜻한 친구의 손이 닿았다.　(　　)

토픽 한 줄 정리

만약 네가 회사 사장이라면 모험을 할 거니?

☐ 모험을 할 것이다.　　☐ 모험을 하지 않을 것이다.

왜냐하면 _____

 부모를 찾아 모험을 떠난 아이가 있대.
궁금하면 다음 장을 넘겨 봐! >>>>>

부모님을 찾아 떠난 오늘이

오늘이는 텅 빈 들판에서 흰 두루미의 보살핌을 받으며 살았어요.

'내 부모님은 어떤 분일까?'

오늘이는 늘 궁금했어요.

그러던 어느 날, 오늘이는 부모님을 찾기 위해 길을 나섰어요.

마을에서 만난 한 부인이 오늘이에게 말했어요.

"네 부모님은 사계절의 향기와 바람이 시작되는 원천강에

계신단다. 원천강은 아주 멀어. 그러니 찾아갈 생각은 말아."

오늘이는 고개를 가로저었어요.

'그래도 부모님이 계신 곳이라면, 가 봐야겠어.'

오늘이는 원천강으로 향했어요.

그 길에서 여러 사람을 만났는데, 모두 이렇게 말했어요.

"원천강으로 가는 길을 알려 줄게. 대신 내 부탁을 들어 다오."

그들은 모두 한 가지씩 문제를 가지고 있었어요. 그래서 오늘이에게 원천강에 가서 그 문제를 해결할 방법을 알아봐 달라고 부탁한 거예요.

오늘이는 그들에게 약속했어요.

"원천강에 가서 문제를 해결할 방법을 알아볼게요. 그리고 꼭 다시 돌아올게요."

오늘이는 여러 사람이 알려 준 길을 따라가 마침내 원천강에 도착했어요. 옥황상제의 명령으로 원천강을 지키고 있던 오늘이의 부모님은 오늘이를 보자마자 달려왔어요.

"이 먼 곳까지 오다니! 우리 딸!"

오늘이는 부모님과 함께 며칠을 보냈어요. 하지만 곧 이렇게 생각했지요.

'부모님을 뵈었으니, 이제 내가 있던 곳으로 돌아가자. 사람들에게 한 약속을 지켜야지.'

오늘이의 뜻을 알게 된 부모님은 오늘이가 기특했어요. 그래서 사람들을 도울 방법을 한 가지씩 알려 주었어요.

오늘이는 돌아가는 길에 사람들과의 약속을 지켰어요. 그리고 먼 훗날, 원천강을 다스리는 선녀가 되었대요.

어휘 알기 색칠한 낱말과 초성을 보고 뜻풀이에 알맞은 낱말을 ___에 쓰세요.

| ㅁ | ㄹ | 윗사람이 아랫사람에게 무엇을 하게 함. | _____ |

| ㅎ | ㄱ | 문제를 밝히거나 잘 처리함. | _____ |

| ㅎ | ㄴ | 시간이 지난 뒤에 올 날. | _____ |

독해력 기르기

01 오늘이가 모험을 떠난 곳은 어디인지 쓰세요.

☐ ☐ ☐

02 오늘이가 원천강에 가는 길에 일어난 일로 알맞으면 ○, 알맞지 않으면 ✕ 하세요.

(1) 마을에서 만난 부인이 오늘이에게 부모님이 계신 곳을 알려 주었다.　(　　　)

(2) 오늘이는 다른 사람의 도움을 받지 않고, 혼자 힘으로 원천강에 갔다.　(　　　)

(3) 오늘이는 원천강으로 가는 길에 만난 사람들의 부탁을 거절했다.　　(　　　)

(4) 오늘이가 만난 사람들은 오늘이에게 자신의 문제를 해결할 방법을 알아봐 달라고
　　부탁했다.　　　　　　　　　　　　　　　　　　　　　　　　　　　(　　　)

03 오늘이에 대한 설명으로 알맞지 <u>않은</u> 것을 모두 고르세요. (　　　,　　　)

① 부모님을 만나고 싶어 했다.

② 이루기 힘든 일을 포기했다.

③ 흰 두루미의 보살핌을 받으며 살았다.

④ 다른 사람들의 말을 잘 믿지 않았다.

⑤ 다른 사람과 한 약속을 중요하게 여겼다.

04 이 글의 내용을 바탕으로 오늘이가 원천강에서 한 일을 상상해 보고, 순서대로 기호를 쓰세요.

> ㉮ 사람들이 알아봐 달라고 부탁한 것들을 부모님에게 물어보았다.
> ㉯ 부모님을 만나 원천강을 구경하며 즐거운 시간을 보냈다.
> ㉰ 부모님과 작별하고, 사람들을 만나기 위해 원천강을 떠났다.

(   ) → (   ) → (   )

05 이 글에 대한 감상을 알맞게 말하지 <u>못한</u> 친구에 ○ 하세요.

(1)
부모님을 찾으러 용감하게 모험을 떠난 오늘이가 부모님을 만나서 정말 다행이야.

(2)
모험을 떠난 것을 후회하는 오늘이의 마음이 느껴져. 내가 오늘이라면 모험을 떠나지 않았을 거야.

(3)
부모님과 헤어지기 싫었을 텐데 다른 사람들과의 약속을 지키기 위해 돌아간 오늘이가 대단해.

06 이 글의 내용을 요약했어요. 빈칸에 들어갈 알맞은 말을 쓰세요.

오늘이가 어느 날, ① □□□을 찾기 위해 원천강을 향해 길을 떠났다.	오늘이는 원천강으로 가는 길에 여러 사람을 만났다. 그들은 오늘이에게 자신의 ② □□를 해결할 방법을 알아봐 달라고 부탁했다.	오늘이는 원천강에서 부모님을 만났고, 자신이 살던 곳으로 돌아가는 길에 사람들과의 ③ □□을 지켰다.

① _____ ② _____ ③ _____

움직임을 나타내는 말

그림을 보고, 문장에 알맞은 말을 골라 ○ 하세요.

(1)

오늘이는 절대 아니라며 두 손을
(휘저었다 , 가로저었다).

뜻 이리저리 심하게 흔들어 젓다.

(2)

오늘이는 말없이 고개를
(휘저었다 , 가로저었다).

뜻 아니라는 뜻을 나타내려고 고개나 손을 가로
방향으로 젓다.

(3)

오늘이는 놀라서 급하게
(나섰다 , 내달았다).

뜻 갑자기 밖이나 앞쪽으로 힘차게 뛰어나가다.

(4)

오늘이는 천천히 길을
(나섰다 , 내달았다).

뜻 어디를 가기 위하여 있던 곳을 나오거나 떠나다.

 이어 주는 말

알맞은 이어 주는 말에 ○ 하세요.

> '그런데, 하지만, 그렇지만'은
> 앞의 문장과 반대되는 내용의 문장을
> 연결할 때 써. '그러므로'는 앞의 내용이
> 뒤의 내용의 원인이 될 때 써.

(1) 아이는 속상했다. (그렇지만 , 그러므로) 눈물을 흘리지 않았다.

(2) 오늘이는 떠나기 싫었다. (하지만 , 그러므로) 씩씩하게 길을 떠났다.

(3) 부모님은 나를 키워 주신다. (그러므로 , 그런데) 은혜에 보답해야 한다.

토픽 한 줄 정리 | 너는 친구의 부탁을 잘 들어주는 편이니?

☐ 잘 들어주는 편이다.   ☐ 잘 들어주지 않는 편이다.

그 이유는 _____

1일 　숲에서 어떤 소리가 들릴까?

「숲의 소리」

우리 | 시

2일 　숲은 어떻게 만들어질까?

「곶자왈에 다녀와서」

자연 | 기행문

3일 　숲속 동물들은 어떻게 살아갈까?

「동물들의 겨울나기」

자연 | 설명하는 글

4일 　사람이 숲에서 살 수 있을까?

「정글에서 자란 모글리」

세계 | 명작

5일 　숲을 왜 보호해야 할까?

「맹그로브 숲을 지켜요」

자연 | 기사문

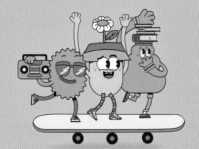

숲의 소리

이성자

1연 숲으로 가는 오르막길을
혁혁거리며 걸어갔어

2연 짹째르르 사사사
소리가 갑자기 뚝

3연 놀랐을까?

4연 가쁜 숨을 잘게 잘게 나눠 쉬며
발소리를 죽였지

5연 ㉠호르르 짹째르르 사사사사
다시 들리는 숲의 소리.

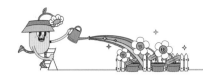

어휘 알기 색칠한 낱말과 초성을 보고 뜻풀이에 알맞은 낱말을 ___에 쓰세요.

| ㅈ | ㄷ | 크기가 아주 작다.

_____

| ㅎ | ㄹ | ㄹ | 작은 새 따위가 날개를 가볍게 치며 날아가는 소리나 모양.

_____

| ㄱ | ㅃ | ㄷ | 숨이 몹시 차다.

_____

독해력 기르기

01 이 시에서 말하는 '숲의 소리'가 의미하는 것으로 알맞은 말에 ○ 하세요.

숲에서 들리는 (새소리 , 물소리)

> 시의 한 줄 한 줄이 '행'이고, 하나 이상의 행이 모이면 '연'이 돼.

02 다음 중 2연 의 의미로 알맞은 것에 ○ 하세요.

(1) 갑자기 새소리가 크게 들리기 시작했다.   (   )

(2) 새소리가 들리다가 갑자기 멈추었다.   (   )

(3) 나뭇잎이 흔들리는 소리가 갑자기 들리지 않았다. (   )

03 다음 중 이 시의 내용으로 바르지 <u>않은</u> 것은 무엇인가요? (   )

① '말하는 이'는 숲에 올라가는 중이었다.

② '말하는 이'는 숲에서 새소리를 들었다.

③ '말하는 이'는 새가 자신 때문에 놀란 것 같다고 생각했다.

④ '말하는 이'는 숨이 찼지만 숨소리를 작게 내려고 노력했다.

⑤ '말하는 이'는 새소리가 다시 들리지 않아 아쉬워했다.

04 다음 중 이 시에 대한 감상을 바르게 말하지 <u>못한</u> 친구의 이름을 쓰세요.

(   )

> 연주: 조용한 숲에서 새들이 지저귀며 날아다니는 장면이 떠올라.
> 준이: 숲에서 들리는 작은 소리에 놀라 무서워하는 마음이 느껴져.
> 유미: 새들이 놀랐을까 봐 조심하는 '말하는 이'의 마음이 참 따뜻해 보여.

05 ㉠에 쓰인 흉내 내는 말과 비슷한 표현을 두 개 골라 ○ 하세요.

(1) 맑은 물이 졸졸졸   (   )

(2) 엉금엉금 기어가는 거북   (   )

(3) 공이 통통통 탕탕탕   (   )

> ㉠의 흉내 내는 말은 귀로 들은 소리를 생생하게 표현한 말이야. 보기 중에서 소리를 흉내 내는 말이 들어간 것을 찾아봐!

06 이 시의 내용을 정리했어요. 빈칸에 들어갈 알맞은 말을 쓰세요.

> 이 시의 말하는 이는 ①□□에 갔다. 숲에서 ②□□□가 들리다가 갑자기 들리지 않자, 자기가 낸 소리 때문에 새들이 놀랐을까 걱정했다. 말하는 이가 숨소리와 ③□□□를 줄이자 다시 새소리가 들려왔다.

① _____   ② _____   ③ _____

이름을 나타내는 말

글자를 이용해 알맞은 길 이름을 빈칸에 쓰세요.

오	막
목	골
르	둘
레	

(1) 낮은 곳에서 높은 곳으로 이어지는 길. ☐☐☐ 길

(2) 큰길에서 들어가 동네 안을 이리저리 통하는 좁은 길. ☐☐ 길

(3) 산이나 호수, 섬 등의 둘레에 산책할 수 있도록 만든 길. ☐☐ 길

흉내 내는 말

문장에 어울리는 흉내 내는 말에 ○ 하세요.

> 예 창밖에서 바스락바스락 나를 부르는 소리.

(1) 아빠 방귀가 (뿡뿡 , 콩콩).

(2) (우르르 쾅 , 철썩철썩) 파도가 온다.

> 흉내 내는 말을 쓰면 눈으로 보고, 귀로 듣고, 입으로 맛보고, 코로 냄새 맡고, 손으로 만지는 느낌을 생생하게 표현할 수 있어.

토픽 한 줄 정리

숲에서 귀를 기울이면 어떤 소리가 들릴까?

☐ 나뭇잎이 바람에 흔들리는 소리   ☐ 낙엽 밟는 소리

그리고 _____

숲은 어떻게 만들어질까? 궁금하면 다음 장을 넘겨 봐! >>>>>

곶자왈에 다녀와서

제주도 여행 이틀 차, 아침을 먹자마자 곶자왈로 가는 버스에 올랐다. 제주도에는 곶자왈이 몇 곳 있는데, 우리는 그중에서 제주 곶자왈 도립 공원에 갔다.

공원 입구에서 숲 해설사가 우리를 맞아 주었다. 해설사는 먼저, 곶자왈이 어떻게 생겨났는지 설명했다.

"제주도는 화산 폭발로 생긴 섬입니다. 이때 용암이 흘러내리며 쌓이거나 굳고, 또 무너지면서 여러 모양과 크기의 돌들로 이뤄진 넓은 땅이 생겨났죠. 그 위에 다양한 나무들이 자라나 숲을 이룬 곳이 바로 곶자왈입니다. 곶자왈은 제주도 말로 숲을 뜻하는 '곶'과 덤불을 뜻하는 '자왈'이 합쳐진 말이에요."

숲에 들어서자, '시원해!'라는 말이 절로 나왔다. 해설사가 그 이유를 설명했다.

"곶자왈은 여름에 시원하고 겨울에 따뜻해요. 화산 폭발로 생긴 땅엔 동굴이나 구덩이가 많아 물을 머금은 곳이 많죠. 땅속 물은 여름에는 차고, 겨울에는 따뜻하기 때문에 곶자왈도 여름에는 시원하고 겨울에는 따뜻한 거예요."

해설사는 곶자왈의 이런 특징 때문에 사시사철 푸르고 넓은 잎을 가진 나무들과 뾰족한 잎을 가진 나무들이 모두 잘 자란다고 했다. 그 말을 듣고 나무를 살펴보니 종류가 정말 다양해 보였다.

전망대에 올라서자, 숲이 끝없이 펼쳐져 있었다. 곶자왈의 땅은 돌이 많아 농사를 짓기에 알맞지 않아 오늘날까지 이렇게 잘 보존될 수 있었다고 한다.

숲을 나서며 내가 탐방하는 동안 곶자왈을 훼손하지 않았나 되짚어 보았다. 그리고 앞으로 풀 한 포기, 돌멩이 하나도 소중히 여겨야겠다고 생각했다.

▲ 제주도 곶자왈

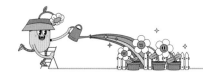

어휘 알기 색칠한 낱말과 초성을 보고 뜻풀이에 알맞은 낱말을 ___에 쓰세요.

| ㅌ | ㅂ | 훌륭한 경치와 역사적 유적 따위를 구경하기 위하여 찾아감. | _____ |

| ㅎ | ㅅ | 헐거나 깨뜨려 못 쓰게 만듦. | _____ |

| ㅅ | ㅅ | ㅅ | ㅊ | 봄, 여름, 가을, 겨울 사계절 내내. | _____ |

독해력 기르기

01 이 글은 어디에 다녀와서 쓴 글인지 빈칸에 알맞은 말을 쓰세요.

제주도 ☐ ☐ ☐ 도립 공원

02 이 글에서 곶자왈에 대해 설명한 것 중 바르지 <u>않은</u> 것은 무엇인가요? (   )

① 곶자왈은 화산 폭발로 생긴 섬이다.

② 곶자왈에서는 다양한 나무들이 잘 자란다.

③ 곶자왈은 여름에 시원하고 겨울에 따뜻하다.

④ 곶자왈은 돌이 많아 농사를 짓기에 알맞지 않다.

⑤ 곶자왈은 숲을 뜻하는 '곶'과 덤불을 뜻하는 '자왈'이 합쳐진 말이다.

03 이 글에서 설명한 곶자왈이 만들어진 과정의 순서대로 기호를 쓰세요.

> ㉮ 땅 위에 다양한 나무들이 자라나 숲을 이루었다.
> ㉯ 화산 폭발로 제주도라는 섬이 생겼다.
> ㉰ 여러 모양과 크기의 돌들로 이뤄진 넓은 땅이 생겼다.

(   ) ➞ (   ) ➞ (   )

04 이 글에 나타난 글쓴이의 생각과 느낌이 <u>아닌</u> 것에 ✕ 하세요.

(1) 숲에 들어서니 시원했다. ( )

(2) 거울에 따뜻한 곶자왈에 가고 싶다고 생각했다. ( )

(3) 곶자왈에 다양한 종류의 나무들이 있다고 느꼈다. ( )

(4) 숲을 탐방할 때 숲을 훼손하지 않도록 조심해야겠다고 생각했다. ( )

05 이 글을 읽고, 글에 대해 바르게 평가한 친구에 ○ 하세요.

(1)
> 곶자왈을 탐방하면서 해설사에게
> 들은 설명과 자신의 느낌을 잘
> 정리해서 쓴 것 같아. 이 글을 읽으니
> 나도 곶자왈에 가서 그 모습을 직접
> 보고 싶어졌어.

(2)
> 사람들이 곶자왈을 보호해야
> 한다는 글쓴이의 주장이 분명히
> 느껴져. 나도 곶자왈에 가면 숲을
> 훼손하지 않도록 조심해야겠어.

06 이 글의 내용을 요약했어요. 빈칸에 들어갈 알맞은 말을 쓰세요.

공원 입구에서	숲에서	전망대에서
숲 해설사를 만나 ①◻◻◻이 어떻게 생겨났는지에 대한 설명을 들었다.	곶자왈이 ②◻◻에 시원하고 겨울에 따뜻한 까닭을 알게 되었고, 다양한 종류의 나무들을 보았다.	끝없이 펼쳐진 숲을 보며 곶자왈이 지금까지 잘 ③◻◻된 이유를 알게 되었다.

① _____ ② _____ ③ _____

 ## 이름을 나타내는 말

화산과 관련된 말을 빈칸에 알맞게 쓰세요.

폭발
화산 →
용암
← 마그마

(1) 힘이나 열기 따위가 갑작스럽게 퍼지거나
일어나는 것.

☐ ☐

(2) 화산의 분화구에서 분출된 마그마 또는
그것이 굳은 암석.

☐ ☐

(3) 땅속의 가스, 마그마 따위가 지표로
분출된 결과로 생긴 산 모양의 구조.

☐ ☐

(4) 땅속 깊은 곳에서 암석이 땅속열로
녹은 상태의 물질.

☐ ☐ ☐

뜻이 여러 개인 말

밑줄 친 말이 어떤 뜻으로 쓰였는지 번호를 쓰세요.

① 뜻한 대로
되게 하다.

이루다

② 몇 가지 부분이나 요소들을
모아 일정한 모양을 가진
존재가 되게 하다.

(1) 나무와 수풀이 자라나 숲을 이루었다. (　　　)

(2) 드디어 내가 원하던 것을 이루었다. (　　　)

토픽 한 줄 정리

무슨 계절에 곶자왈에 가고 싶니? 너의 선택은?

☐ 더운 여름　　　☐ 추운 겨울

왜냐하면 _____

 숲에서 동물들은 어떻게 살아갈까?
궁금하면 다음 장을 넘겨 봐! >>>>>

숲에서 동물들이 어떻게 지내는지 살펴봐!

자연　설명하는 글

동물들의 겨울나기

숲에는 많은 동물들이 살아요. 동물들은 숲에서 먹을 것을 구하고, 머물 곳을 만들지요. 그런데 모든 게 꽁꽁 얼어붙고, 열매도 나뭇잎도 모두 떨어져 먹을 것을 구하기 어려운 겨울 숲에서 동물들은 어떻게 살까요?

곰은 겨울이 되면, 구덩이나 나무 밑동처럼 따뜻한 곳을 찾아 들어가 겨울잠을 자요. 겨울이 되기 전에 엄청나게 먹고 살을 찌워, 몸에 에너지를 쌓아 두지요. 그리고 겨울 내내 웬만하면 움직이지 않고, 잠을 자며 에너지를 적게 써요.

다람쥐는 겨울이 오기 전에, 먹이를 모아 숲 여기저기에 숨겨 둬요. 그리고 겨울이 오면 따뜻한 나무 구멍 속에서 겨울잠을 자요. 자다가 배가 고프면 숨겨 둔 먹이를 찾아 먹고 다시 자요.

뱀이나 개구리 같은 동물들은 겨울 동안 꼼짝도 하지 않아요. 뱀은 땅속에서, 개구리는 바위 밑이나 나무 구멍 속에서 죽은 듯 겨울잠을 자거든요. 이때 심장도 거의 뛰지 않아 꼭 죽은 것처럼 보이지만 죽은 게 아니에요. 에너지를 쓰지 않으려고 심장까지 뛰지 않게 하는 거예요.

이와 달리 겨울잠을 자지 않고 숲을 뛰어다니는 동물도 있어요. 토끼는 겨울이 가까워지면 털갈이를 해서 추위를 잘 견딜 수 있어요.

숲은 겨울잠 자는 동물들에게 따뜻하고 안전하게 겨울을 날 수 있는 집과 같아요. 그리고 겨울잠을 자지 않는 동물들에게는 고마운 사냥터이자, 편안한 보금자리가 되어 준답니다.

어휘 알기 색칠한 낱말과 초성을 보고 뜻풀이에 알맞은 낱말을 ___에 쓰세요.

| ㅁ | ㄷ | 나무줄기에서 뿌리에 가까운 부분. _____

| ㄱ | ㄷ | ㄷ | 동식물이 어려운 환경에서 죽지 않고, 버티며 살다. _____

| ㅂ | ㄱ | ㅈ | ㄹ | 지내기에 매우 포근하고 아늑한 곳을 비유적으로 이르는 말. _____

독해력 기르기

01 이 글은 무엇에 대해 설명하는 글인지 빈칸에 알맞은 말을 쓰세요.

숲속 동물들의 ☐ ☐ ☐ ☐

02 이 글에서 설명하는 내용으로 알맞지 <u>않은</u> 것은 무엇인가요? (   )

① 개구리는 겨울 동안 바위 밑에서 죽은 듯 겨울잠을 잔다.
② 다람쥐는 겨울 동안 먹이를 먹지 않고 잠만 잔다.
③ 곰은 겨울 동안 거의 움직이지 않는다.
④ 토끼는 겨울이 오기 전에 털갈이를 한다.
⑤ 뱀은 겨울 동안 심장도 거의 뛰지 않게 한다.

03 다음 중 겨울잠을 자지 <u>않는</u> 동물을 고르세요. (   )

① 곰   ② 다람쥐   ③ 뱀   ④ 토끼   ⑤ 개구리

04 이 글을 읽고, 동물들에게 숲이 어떤 의미인지 알맞게 말하지 <u>못한</u> 친구의 이름을 쓰세요. (   )

> 윤선: 겨울잠을 자는 동물들에게 숲은 따뜻한 집과 같아.
> 서호: 동물들이 추운 겨울 동안 숲에서 안전하게 겨울을 보낼 수 있으니 숲은 참 고마운 곳이야.
> 민준: 겨울잠을 자지 않는 동물들에게 숲은 위험한 곳이야.

05 이 글에 나온 곰과 비슷한 방법으로 겨울을 나는 동물의 예로 알맞은 것을 찾아 ○ 하세요.

(1) 청설모는 겨울잠을 자지 않고 가을에 모아 둔 먹이를 먹으며 겨울을 보낸다.

(   )

(2) 호랑이는 겨울에 털이 많아져서 겨울잠을 자지 않고도 추위를 견딜 수 있다.

(   )

(3) 고슴도치는 겨울이 되기 전에 먹이를 많이 먹고, 땅속에서 겨울잠을 잔다.

(   )

06 이 글의 내용을 요약했어요. 빈칸에 들어갈 알맞은 말을 쓰세요.

숲속 동물들의 겨울나기 방법	곰	거의 움직이지 않고 ①◻◻◻을 잔다.
	다람쥐	겨울잠을 자다 깨서 숨겨 둔 ②◻◻를 먹고 다시 잔다.
	뱀이나 개구리	심장까지 거의 뛰지 않게 하며 죽은 듯 겨울잠을 잔다.
	토끼	③◻◻◻를 해서 추위를 견딜 수 있다.

① _____   ② _____   ③ _____

합쳐진 말

낱말과 낱말을 합쳐 뜻에 해당하는 말을 빈칸에 쓰세요.

두 개의 낱말이 합쳐져 새로운 뜻을 가진 낱말이 되기도 해.

(1) 겨울 + 잠 → ☐☐☐

뜻 겨울에 동물이 활동을 중단하고 땅속 따위에서 겨울을 보내는 일.

(2) 털 + 갈이 → ☐☐☐

뜻 짐승이나 새의 오래된 털이 빠지고 새 털이 나는 것.

(3) 여기 + 저기 → ☐☐☐☐

뜻 여러 장소를 통틀어 이르는 말.

틀리기 쉬운 말

밑줄 친 말이 알맞으면 ⊙, 알맞지 않으면 ⊠에 ○ 하세요.

'왜'와 '웨'는 소리가 비슷해서 헷갈리기 쉬워. '웬만하다'가 바른 표기이고 '왠만하다(X)'는 틀린 표기야.

(1) 곰은 웬만해서는 겨울에 움직이지 않는다. ⊙ ⊠
(2) 왠만하면 제 부탁 좀 들어주세요. ⊙ ⊠
(3) 웬만한 사람은 그를 다 알고 있다. ⊙ ⊠

토픽 한 줄 정리

숲과 우리 집의 공통점은?

☐ 안전하게 지낼 수 있다.   ☐ 겨울에 따뜻하다.

그리고 _____

숲에서 동물과 함께 사는 사람이 있다고?
궁금하면 다음 장을 넘겨 봐! >>>>>

모글리가 정글에서 어떻게 살았는지 살펴봐!

세계   명작

정글에서 자란 모글리

모글리는 호랑이 시어칸을 피해 늑대 굴로 기어 들어간 아이였어요. 어미 늑대는 그 아이를 키워, '모글리'라고 불렀지요. 그리고 우두머리 늑대 아켈라는 모글리를 늑대 무리로 인정했어요. 시어칸이 모글리를 내놓으라고 협박해도, 아켈라는 모글리를 지켜 냈어요. 그 모습을 본 검은 표범 바기라가 아켈라에게 말했어요.

"모글리는 분명 나중에 당신에게 큰 도움이 될 거예요."

동물들은 우두머리가 늙어 힘이 약해지면, 그를 죽이고 새 우두머리를 뽑아요. 그것이 정글의 법칙이지요. 바기라는 아켈라에게 그 점을 일깨워 준 거예요.

모글리의 아빠 늑대는 모글리에게 숲에서 일어나는 일에 대해 알려 주었어요.

"정글에서 일어나는 모든 일에는 다 의미가 있어. 수풀이 바스락거리는 것에도, 한밤중에 올빼미가 우는 것에도 말이야. 정글에서 살아남으려면, 어떤 일이 왜 일어났는지 신경을 써야만 해."

바기라와 느림보 곰 발루는 모글리에게 사냥을 가르쳐 주었어요.

"사냥을 하려면 꼼짝 않고 기다려야 해. 하지만 사냥이 시작되면 절대 망설이지 마!"

모글리의 사냥 실력은 날이 갈수록 좋아졌어요. 그러던 어느 날, 바기라가 말했어요.

"동물은 심심하다고 약한 녀석을 괴롭히지 않아. 재미 삼아 사냥을 하지도 않지."

모글리는 그 말을 듣고 자기도 모르게 고개를 숙였어요. 재미 삼아 어린 늑대들을 괴롭힌 게 생각났거든요. 그때 발루가 인간이 동물을 잡기 위해 놓은 덫을 가져왔어요.

"똑똑히 봐 둬. 이게 바로 덫이라는 거야. 훌륭한 사냥꾼이 되려면 덫에 걸리지 않아야 해."

모글리는 씩 웃었어요.

"걱정 마! 난 절대로 덫에 걸리지 않을 테니까!"

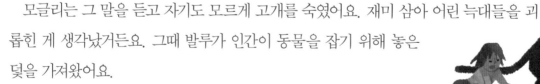

44 토픽으로 잡는 똑똑한 초등 독해

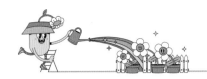

어휘 알기 색칠한 낱말과 초성을 보고 뜻풀이에 알맞은 낱말을 ___에 쓰세요.

| ㄷ | 짐승을 꾀어 잡는 기구. | _____ |

| ㅎ ㅂ ㅎ ㄷ | 겁을 주며 압력을 가하여 남에게 억지로 어떤 일을 하도록 하다. | _____ |

| ㅇ ㄷ ㅁ ㄹ | 어떤 일이나 단체에서 으뜸인 사람. | _____ |

독해력 기르기

01 다음 중 모글리를 도와주지 않은 동물은 누구인가요? (   )

① 느림보 곰 발루   ② 늑대 아켈라   ③ 아빠 늑대
④ 검은 표범 바기라   ⑤ 호랑이 시어칸

02 동물들은 모글리에게 숲에서 살아남기 위해 필요한 것들을 가르쳐 주었어요. 그 내용으로 알맞은 것을 모두 찾아 ○ 하세요.

(1) 인간이 놓은 덫을 조심해야 한다.   (   )

(2) 사냥을 하려면 기다려야 한다.   (   )

(3) 정글에서 일어나는 모든 일에 신경을 쓸 필요는 없다. (   )

03 모글리에 대한 설명으로 알맞지 않은 것은 무엇인가요? (   )

① 어미 늑대가 키워 주었다.

② 인간이 놓은 덫에 걸렸다.

③ 발루와 바기라에게 사냥하는 법을 배웠다.

④ 재미 삼아 어린 늑대들을 괴롭힌 적이 있다.

⑤ 호랑이 시어칸을 피해 늑대 굴로 기어 들어갔다.

04 이 글을 읽고, 모글리에 대한 생각을 알맞게 말하지 <u>못한</u> 친구의 이름을 쓰세요.

(   )

> **시윤**: 정글에서 늑대의 손에 키워진 모글리는 자신이 늑대라고 생각하고, 늑대와 비슷하게 행동할 것 같아.
>
> **윤지**: 모글리가 하는 행동을 보니 모글리는 곧 동물들을 배신하고 정글에서 도망칠 것 같아.
>
> **자빈**: 정글에서 자란 모글리는 인간의 말을 배우지 못한 대신, 동물들과 소통하는 방법을 배울 것 같아.

05 이 글을 읽고 모글리가 정글에서 살아갈 때 겪을 수 있는 문제점을 알맞게 떠올린 친구에 ○ 하세요.

(1)

> 재미 삼아 모글리를 괴롭히는 동물들이 많아서 힘들 것 같아.

(2)

> 모글리는 다른 동물과 신체 특징이 다르니까 사냥 연습을 더 열심히 해야 할 것 같아.

(3)

> 어리석은 모글리는 동물보다 더 쉽게 덫에 걸릴 것 같아.

06 이 글의 내용을 요약했어요. 빈칸에 들어갈 알맞은 말을 쓰세요.

> 모글리는 ①□□□ 시어칸을 피해 늑대 굴에 들어갔다. 우두머리 ②□□ 아켈라가 모글리를 늑대 무리로 인정해 준 덕분에 정글에서 살게 되었다. 모글리는 발루와 바기라에게 ③□□하는 방법을 배웠다.

① _____   ② _____   ③ _____

뜻이 비슷한 말

낱말의 뜻을 읽고, 비슷한말끼리 선으로 이으세요.

망설이다 태도를 결정하지 못하다.	숙이다 앞이나 한쪽으로 기울게 한다.	일깨우다 일러 주거나 가르쳐서 깨닫게 하다.

깨우치다	수그리다	머뭇거리다

관용 표현

문장에 어울리는 말에 ○ 하세요.

꼼짝 못 하다	남의 힘이나 기운에 눌려 조금도 기를 펴지 못하다.
꼼짝 않다	조금도 활동하지 않거나 일하지 아니하다.

관용 표현이란 두 개 이상의 낱말이 함께 쓰이면서 특수한 의미를 나타내는 것이야.

(1) 그는 아내에게 꼼짝 (못 하는 , 않는) 사람이야.

(2) 모글리는 시어칸에게 꼼짝 (않을걸 , 못 할걸)?

(3) 늑대가 사냥할 기회를 엿보며 꼼짝 (않고 , 못 하고) 있어.

토픽 한 줄 정리

인간과 동물은 우정을 나눌 수 있을까?

☐ 나눌 수 있다고 생각해!   ☐ 나눌 수 없다고 생각해!

왜냐하면 _____ 때문이야!

 숲이 사라진다면 어떤 일이 생길까? 궁금하면 다음 장을 넘겨 봐! >>>>>

맹그로브 숲을 지켜요

오늘 맹그로브 숲의 보호를 위한 국제회의가 열렸다. 맹그로브는 열대 지역 해안가에서 바닷물에 뿌리를 내리고 자라는 나무이다. 동남아시아 여러 나라와 호주, 아프리카 등의 바닷가에 맹그로브 숲이 널리 형성되어 있는데, 현재 이 숲이 파괴되고 있어서 이를 알리기 위해 국제회의가 열렸다.

회의를 개최한 '맹그로브 보호 운동' 측은 최근 사람들이 땔감이나 가축의 사료로 쓰기 위해 숲의 나무를 베어 내고 있으며 양식업자들로 인한 파괴도 심각하다고 알렸다. 값비싼 식재료인 새우를 얻기 위해 숲을 없애고 그 자리에 새우 양식장을 만들고 있다는 것이다.

기상학자들은 해안가에서 파도를 막아 주는 방파제 역할을 하는 맹그로브 숲이 파괴되어, 큰 파도나 해일로 인한 피해가 커지고 있다고 지적했다. 그 대표적인 예가 2004년 바닷속 지진으로 생긴 거대한 파도로 인도네시아 등에서 30만 명 이상의 사람들이 다치거나 목숨을 잃은 사건이다. 학자들은 "맹그로브를 잘 보존했더라면 그렇게 많은 피해를 입지는 않았을 것이다."라고 강조했다.

▲ 동남아시아 태국의 맹그로브 숲

환경 운동가들은 "맹그로브 숲의 파괴는 지구의 공기 청정기를 파괴하는 것이다."라고 입을 모았다. 맹그로브는 일반 숲의 나무들보다 5배 이상 많은 산소를 내뿜기 때문에 맹그로브 숲의 파괴가 지속되면 공기는 더욱 나빠질 것이라고 덧붙였다.

'맹그로브 보호 운동'은 앞으로 맹그로브 보호를 위한 다양한 활동을 전개할 예정이라며, 홈페이지를 통해 여러 활동과 기금 모금에 참여해 달라고 호소했다.

어휘 알기 색칠한 낱말과 초성을 보고 뜻풀이에 알맞은 낱말을 ____에 쓰세요.

| ㄸ | ㄱ | 불을 지피어 타게 하는 데 쓰는 재료.   _____

| ㅂ | ㅍ | ㅈ | 배가 드나드는 곳을 센 파도로부터
보호하기 위하여 쌓은 둑.   _____

| ㅇ | ㅅ | ㅈ | 물고기나 버섯 따위를 인공적으로
기르는 일을 전문적으로 하는 장소.   _____

독해력 기르기

01 이 글에서 가장 중요한 낱말 두 개를 골라 ○ 하세요.

> 파도   목숨   맹그로브   보호   지구

02 이 글에서 맹그로브가 파괴되는 상황을 알리기 위해 예로 든 것을 모두 골라 ○
하세요.

(1) 사람들이 땔감을 구하기 위해 맹그로브 숲의 나무를 베고 있다. (   )

(2) 파도를 막는 방파제를 만들기 위해 맹그로브를 파괴하고 있다. (   )

(3) 새우 양식장을 만들기 위해 맹그로브를 파괴하고 있다.   (   )

03 이 글을 읽고 알 수 <u>없는</u> 것은 무엇인가요? (   )

① 맹그로브의 뜻

② 맹그로브 숲이 형성된 곳

③ 맹그로브 숲이 파괴된 원인

④ 맹그로브 숲의 미래 모습

⑤ 맹그로브 숲이 파괴되어 생기는 문제점

04 이 글의 주요 내용을 알맞게 말한 친구의 이름을 쓰세요. (   )

> 예서: 맹그로브 숲이 파괴되고 있으니까 맹그로브 주변에 가는 것은 위험하다고 알리는 내용이야.
>
> 희원: 맹그로브 숲의 보호를 위한 국제회의에 많이 참석해 달라고 요청하는 내용이야.
>
> 선우: 맹그로브 숲이 파괴된 문제점을 알리고 보호가 필요하다는 것을 알리는 내용이야.

05 이 글에 대한 자신의 생각을 알맞게 말한 친구에 ○ 하세요.

(1)
> 사람들의 편의를 위해 맹그로브처럼 소중한 자연이 훼손되는 것을 반드시 막아야 해.

(2)
> 맹그로브는 사람들에게 꼭 필요하니까 인공적으로 맹그로브 숲을 많이 만들면 될 것 같아.

06 이 글의 내용을 요약했어요. 빈칸에 들어갈 알맞은 말을 쓰세요.

> 맹그로브 숲이 ①□□되어 가는 현실을 알리고, 이로 인해 생길 수 있는 문제를 알리기 위한 국제회의가 열렸다. 맹그로브 보호 운동 측은 맹그로브 숲이 파괴되면, 파도나 해일로 생기는 사고를 막기 어렵고, 공기가 나빠지는 등 여러 피해를 가져올 수 있다고 설명했다. 또한 ②□□□□□ 숲을 ③□□하는 활동에 관심을 가져 달라고 호소했다.

① _____   ② _____   ③ _____

어휘력 더하기

 직업을 나타내는 말

직업을 나타내는 말을 알맞게 쓰세요.

환경 운동가

양식업자

기자

기상학자

(1) 대기의 상태와 현상 등을 전문적으로 연구하는 사람.

☐☐☐☐

(2) 자연환경의 보호를 주장하는 사회적 운동에 힘쓰는 사람.

☐☐☐☐☐

(3) 물고기나 해조류, 버섯 따위를 인공적으로 길러서 번식하는 일을 전문으로 하는 사람.

☐☐☐☐

(4) 신문, 잡지, 방송 따위에 실을 기사를 취재하여 쓰거나 편집하는 사람.

☐☐

 꾸며 주는 말

문장에 알맞은 꾸며 주는 말에 ○ 하세요.

'널리'는 '넓은 범위에 걸쳐서'라는 뜻이고, '무척'은 '아주, 썩, 심하게'라는 뜻이야. '더욱'은 '더 많이'라는 뜻이야.

(1) 맹그로브 숲은 호주의 바닷가에 (널리 , 무척) 형성되어 있다.

(2) (무척 , 널리) 많은 사람들이 파도에 휩쓸려 목숨을 잃었다.

(3) 숲이 사라진다면 공기가 (널리 , 더욱) 나빠질 것이다.

토픽 한 줄 정리   맹그로브를 파괴하는 사람들에게 해 주고 싶은 말은?

맹그로브를 함부로 베어 내지 마세요!

왜냐하면 _____

 전통 풍습은 어떻게 시작되었을까?

세계 여러 나라에는 어떤 전통이 있을까?

우리나라에는 어떤 전통이 있을까?

전통

| 옛날부터 전해 내려오는 문화, 행사, 놀이 등의 생활 모습이나 행동.

우리가 지켜야 할 전통에는 무엇이 있을까?

영국을 왜 전통의 나라라고 할까?

전통을 지켜야 하는 까닭은 무엇일까?

나라마다 전통이 다른 이유는 무엇일까?

전통을 지키기 위한 방법은 무엇일까?

1일 전통 풍습은 어떻게 시작되었을까?

「삼신할머니 이야기」

우리 | 신화

2일 우리가 지켜야 할 전통에는 무엇이 있을까?

「소망을 담은 그림, 민화」

예술 | 견학 기록문

3일 세계 여러 나라에는 어떤 전통이 있을까?

「잭과 호박 등」

세계 | 전래

4일 영국을 왜 전통의 나라라고 할까?

「전통의 나라 영국을 소개합니다」

사회 | 소개하는 글

5일 나라마다 전통이 다른 이유는 무엇일까?

「연날리기」

문화 | 설명하는 글

삼신할머니 이야기

　아주 오랜 옛날, 아기를 점지해 주는 삼신할머니가 살았어요. 점지란, 사람에게 자식이 생기게 해 주는 것을 말해요.

　어느 날 삼신할머니는 배가 남산만 한 엄마가 아기를 낳으려 애쓰는 것을 보았어요.

　"아가야, 어서 나오너라!"

　삼신할머니가 이렇게 말하며 배를 쓰다듬자, 아기가 미끄러지듯 쑥 나왔어요.

　그런데 아기가 울지도, 움직이지도 않았어요. 삼신할머니가 아기의 엉덩이를 찰싹 때리자, 그제야 '응애!' 하고 울음을 터트리며 숨을 쉬었어요. 이때 아기 엉덩이에 검푸른 멍이 들었는데, 이후로 우리나라 아기들은 엉덩이에 검푸른 멍을 갖고 태어나게 되었대요.

　삼신할머니는 갓 태어난 아기를 따뜻한 물로 씻기고, 아기를 낳은 엄마에게 미역국을 끓여 먹이며 정성껏 돌보았어요.

　그런데 동쪽 바다 용왕의 딸은 삼신할머니를 질투했어요. 용왕의 딸도 아기를 점지할 수는 있었지만 삼신할머니처럼 아기를 잘 낳게 하지는 못했기 때문이에요. 이를 안 옥황상제는 삼신할머니와 용왕 딸에게 꽃나무를 하나씩 주며 말했어요.

　"너희 둘 중, 꽃나무를 더 잘 키우는 사람에게 아기를 점지하고 보살피는 일을 맡기겠노라."

　용왕 딸과 삼신할머니는 꽃나무를 정성껏 길렀어요. 삼신할머니의 꽃나무에서 더 많은 가지가 뻗고, 더 예쁜 꽃이 피었지요. 이를 본 옥황상제가 명했어요.

　"이제 아기를 점지하고 돌보는 일은 삼신할머니가 맡아서 하여라. 용왕 딸은 저승 할머니가 되어 죽은 아이들을 돌보아라."

　이때부터 사람들은 아기를 점지하고 돌보는 삼신할머니에게 아기를 잘 낳게 해 달라고 빌며, 감사하는 마음을 갖게 되었답니다.

어휘 알기 색칠한 낱말과 초성을 보고 뜻풀이에 알맞은 낱말을 ___에 쓰세요.

| ㅇ | ㅇ | 바닷속 용궁에 사는 임금. | _____ |

| ㅈ | ㅅ | 사람이 죽은 뒤에 그 영혼이 가서 산다고 하는 세상. | _____ |

| ㅇ | ㅎ | ㅅ | ㅈ | 살아 있는 모든 생물의 운명을 맡아서 관리한다고 여겨지는 신. | _____ |

독해력 기르기

01 삼신할머니에 대한 설명으로 알맞지 <u>않은</u> 것은 무엇인가요? (　　　)

① 아기를 점지하는 일을 했다.

② 엄마가 아기를 잘 낳을 수 있도록 도왔다.

③ 아기를 낳은 엄마를 돌보았다.

④ 꽃나무를 잘 기르지 못했다.

⑤ 갓 태어난 아기가 숨을 잘 쉴 수 있게 해 주었다.

02 이 글에서 우리나라 아기들이 엉덩이에 검푸른 멍을 갖고 태어나게 된 까닭을 무엇이라고 했나요? (　　　)

① 삼신할머니가 아기의 엉덩이를 쓰다듬어서

② 삼신할머니가 아기의 엉덩이를 때려 숨 쉴 수 있게 해서

③ 삼신할머니가 아기를 따뜻한 물에 씻겨 주어서

④ 용왕의 딸이 아기의 엉덩이를 때려서

⑤ 용왕의 딸이 아기를 점지해서

03 다음 인물과 인물이 한 일을 각각 알맞게 선으로 이으세요.

(1) 옥황상제 •

(2) 삼신할머니 •

(3) 용왕의 딸 •

• (가) 아기를 점지할 수 있지만 잘 낳게 하지는 못함.

• (나) 아기를 점지하고 돌보는 일을 삼신할머니에게 맡김.

• (다) 아기를 점지하고, 갓 태어난 아기와 아기 엄마를 잘 돌봄.

04 이 글에 대한 감상을 알맞게 말하지 <u>못한</u> 친구에 ○ 하세요.

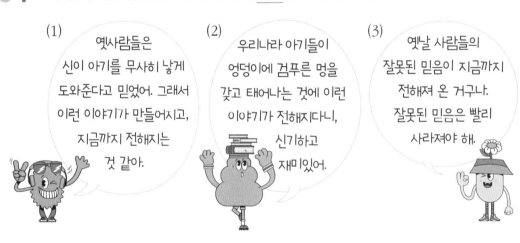

(1) 옛사람들은 신이 아기를 무사히 낳게 도와준다고 믿었어. 그래서 이런 이야기가 만들어지고, 지금까지 전해지는 것 같아.

(2) 우리나라 아기들이 엉덩이에 검푸른 멍을 갖고 태어나는 것에 이런 이야기가 전해지다니, 신기하고 재미있어.

(3) 옛날 사람들의 잘못된 믿음이 지금까지 전해져 온 거구나. 잘못된 믿음은 빨리 사라져야 해.

05 이 글의 내용을 요약했어요. 빈칸에 들어갈 알맞은 말을 쓰세요.

삼신할머니와 용왕의 딸은 아기를 ①□□하는 일을 했다. 용왕의 딸이 삼신할머니를 질투하자, 옥황상제는 둘에게 ②□□□를 주며 기르라고 했다. 삼신할머니의 꽃나무가 더욱 잘 자라자, 옥황상제는 ③□□□□□에게 아기를 점지하고 보살피는 일을 맡기고, 용왕의 딸에게는 저승에서 죽은 아이를 돌보는 일을 맡겼다. 그 뒤로 사람들은 삼신할머니에게 아기를 잘 낳게 해 달라고 빌었다.

① _____ ② _____ ③ _____

색깔을 나타내는 말

색깔을 나타내는 말을 알맞게 쓰세요.

시꺼멓다	매우 꺼멓다.
검푸르다	검은빛을 띠면서 푸르다.
새파랗다	매우 파랗다.
푸르스름하다	조금 푸르다.

우리말에는 색깔을 나타내는 말이 참 많아. 푸른빛을 나타내는 낱말만 해도 이렇게 많다고!

시꺼멓다	(1)	(2)	(3)

뜻이 여러 개인 말

밑줄 친 말이 어떤 뜻으로 쓰였는지 번호를 쓰세요.

뻗다

① 가지나 덩굴, 뿌리 같은 것이 길게 자라나다.

② 오므렸던 것을 펴다.

③ 길이나 강, 산맥 따위가 어떤 방향으로 길게 이어져 가다.

(1) 다리를 쭉 <u>뻗고</u> 편하게 앉아라. (　　)

(2) 넓은 도로가 사방으로 <u>뻗어</u> 있다. (　　)

(3) 꽃나무가 튼튼한 가지를 <u>뻗었다.</u> (　　)

토픽 한 줄 정리

너를 부모님께 점지해 준 삼신할머니에게 하고 싶은 말은?

삼신할머니, _____

사람들의 소망을 담은 전통 그림이 있대. 궁금하면 다음 장을 넘겨 봐! >>>>>

소망을 담은 그림, 민화

민화 전시회에 갔다. 민화는 옛날에 떠돌이 화가나 유명하지 않은 화가가 그린 소박하고, 익살스러운 그림으로 조선 후기에 크게 유행했다고 한다. 나는 옛사람들의 집에 들어가는 기분으로 민화가 가득한 전시실로 들어섰다.

처음 내 눈에 들어온 민화는 호랑이와 까치를 함께 그린 〈호작도〉였다. 민화는 여러 사람이 같은 주제를 되풀이하여 그리는 경우가 많았다고 하는데, 그래서인지 표현이 조금씩 다른 호작도가 여러 점 있었다. 그림 속 호랑이는 하나같이 재미있는 모습이었다. 옛사람들은 호랑이가 나쁜 기운을 막아 주고, 까치가 좋은 소식을 전해 준다고 생각했다. 그래서 호랑이와 까치가 함께 있는 호작도를 집에 걸었다고 한다.

가장 인상 깊었던 그림은 〈책가도〉였다. 커다란 책장과 책, 도자기, 붓과 벼루 등이 그려진 그림이다. 한 점씩 따로 떨어진 것도 있었지만, 여러 개를 길게 이어 붙여 병풍으로 만든 것도 있었다. 책가도는 학문을 닦아 벼슬에 나아가길 바라는 소망이 담긴 민화로 양반집에서 유행했다고 한다. 책가도에 대한 설명을 읽고 있는데, 엄마가 요즘에는 아기 돌잔치 때 책가도 병풍 앞에 돌상을 차리기도 한다고 알려 주셨다. 공부를 잘하기를 바라는 마음은 예나 지금이나 마찬가지인 것 같다.

전시실을 나서며, 민화가 오래오래 남아 우리 조상들의 소망이 사람들에게 계속 전해지면 좋겠다고 생각했다.

▲ 호작도

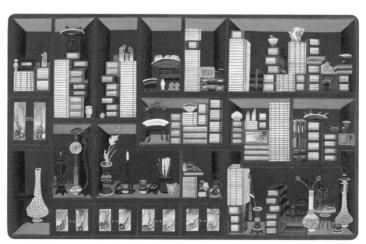

▲ 책가도

어휘 알기 색칠한 낱말과 초성을 보고 뜻풀이에 알맞은 낱말을 ____에 쓰세요.

| ㅎ | ㄱ | 일정 기간을 둘이나 셋으로 나누었을 때 맨 뒤 기간. | _____ |

| ㅂ | ㅍ | 바람을 막거나 무엇을 가리거나 장식용으로 방 안에 치는 물건. | _____ |

| ㅇ | ㅂ | ㅈ | 지위나 신분이 높은 집안. | _____ |

독해력 기르기

01 이 글은 어디에 다녀와서 쓴 글인지 빈칸에 알맞은 말을 쓰세요.

☐ ☐ 전시회

02 이 글에 나온 민화에 대한 설명과 제목을 알맞게 선으로 이으세요.

(1) 호랑이와 까치를 함께 그린 그림 •

• (개) 책가도

(2) 커다란 책장과 책, 도자기, 붓과 벼루 등이 그려진 그림 •

• (내) 호작도

03 이 글에서 말한 〈호작도〉에 담긴 옛날 사람들의 소망을 모두 골라 ○ 하세요.

(1) 아이가 공부를 잘하기를 바라는 마음 (   )

(2) 좋은 소식이 가득하기를 바라는 마음 (   )

(3) 나쁜 기운을 물리치기를 바라는 마음 (   )

04 이 글에 나타난 글쓴이의 감상으로 알맞으면 ○, 알맞지 않으면 ✕ 하세요.

(1) 민화가 오래오래 남길 바랐다. ( )

(2) <호작도>에 그려진 호랑이의 모습이 무섭다고 생각했다. ( )

(3) <책가도>를 보며 아이가 공부를 잘하기를 바라는 마음은 예나 지금이나 비슷한 것 같다고 생각했다. ( )

05 이 글의 내용을 바르게 이해한 친구에 ○ 하세요.

(1) 글쓴이가 말한 대로 민화는 유명하지 않은 화가가 그린 그림이라 별로 중요하지 않다는 생각이 들었어.

(2) 민화에 옛사람들의 평범한 소망과 생활 모습이 담겨 있다는 것을 알게 되었어. 민화가 오래 남기를 바라는 글쓴이의 생각에 동의해.

06 이 글의 내용을 요약했어요. 빈칸에 들어갈 알맞은 말을 쓰세요.

민화 전시회에 갔다. 민화는 유명하지 않은 화가가 그린 그림으로 ①◻◻ 후기에 유행했다고 한다.

호작도를 보며
호랑이와 ②◻◻를 함께 그린 호작도를 보며 옛사람들이 좋은 소식을 바라고 나쁜 기운을 막고 싶어 한 소망에 대해 생각했다.

책가도를 보며
책장과 책, 붓 등 문방구가 그려진 책가도를 보며 학문에 힘쓰던 옛사람들의 마음에 대해 생각했다.

전시실을 나서며 옛사람들의 ③◻◻이 담긴 민화가 오래오래 남기를 바랐다.

① _____ ② _____ ③ _____

낱말 퍼즐

가로 풀이와 세로 풀이를 보고, 뜻에 알맞은 말을 빈칸에 쓰세요.

❶떠	돌	①이	
		❷	②화
❸벼			
		③소	

가로 풀이

❶ 정한 곳 없이 이리저리 떠돌아다니는 사람.
❷ 옛날에 유명하지 않은 화가가 그렸던 그림.
❸ 먹을 가는 데 쓰는 물건.

세로 풀이

① 자기 나라를 떠나 다른 나라로 살러 가는 일.
② 그림 그리는 것을 직업으로 하는 사람.
③ 어떤 일을 바라는 것.

뜻이 여러 개인 말

밑줄 친 말이 어떤 뜻으로 쓰였는지 번호를 쓰세요.

① 어떤 물건을 그릇 따위에 넣다.

담다

② 어떤 내용이나 생각을 그림, 글, 말, 표정 속에 포함하거나 나타내다.

담은 것이 물것인지, 눈에 보이지 않는 생각이나 마음인지 살펴봐!

(1) 옛날 사람들은 그림에 소망을 담았다. (　　)

(2) 엄마가 그릇에 딸기를 담았다. (　　)

(3) 나는 친구에게 내 마음을 담은 편지를 썼다. (　　)

토픽 한 줄 정리

우리 집에 걸어 두고 싶은 민화는?

☐ 호작도　　☐ 책가도

왜냐하면 _____

다른 나라에는 어떤 전통이 있을까?
궁금하면 다음 장을 넘겨 봐! >>>>>

잭과 호박 등

10월 31일은 핼러윈이에요. 이날에는 아이들이 괴물 분장을 하고 이웃집을 돌아다녀요. 미아가 마녀 옷을 입고 빗자루를 집어 들자, 언니가 호박 등을 켰어요.

"언니, 핼러윈에는 왜 호박 등을 켜?"

"이 '잭 오 랜턴'을 켜는 이유가 궁금해?"

언니는 〈잭과 호박 등〉 이야기를 들려주었어요.

▲ 잭 오 랜턴

옛날에 구두쇠 잭이 살았어. 어느 날, 악마가 나타나 잭 뒤를 졸졸 따라다니는 거야. 잭은 악마를 따돌릴 방법을 생각했어. 그때 눈앞에 사과나무가 보였지. 잭은 일부러 입맛을 쩝쩝 다시며 말했어.

"저 사과 하나만 먹을 수 있다면 정말 좋겠다!"

그 말을 들은 악마는 잭을 놀리려고, 사과를 따러 사과나무로 올라갔어. 그러자 잭이 잽싸게 칼을 꺼내 사과나무 기둥에 십자가를 그었어. 악마는 십자가가 무서워서 나무 아래로 내려올 수 없었어. 악마는 사과나무에 갇힌 신세가 된 거야. 악마는 잭에게 사정했어.

"십자가를 지워 주면, 더 이상 널 따라다니지 않을게."

잭은 그제야 십자가를 없애 주었지. 세월이 흘러 핼러윈이 가까워진 어느 날, 잭이 죽었어. 구두쇠 잭은 천국에 가지 못하고, 외롭게 세상을 떠돌았어.

'어둠 속을 영원히 떠도느니, 차라리 지옥으로 가는 게 낫겠어!'

잭이 이렇게 생각하고 지옥문 앞에 갔는데, 하필 예전에 만났던 악마가 지옥문을 지키고 있지 뭐야. 악마가 지옥문을 열어 줄 리 없었지. 잭은 울먹이며 말했어.

"그럼, 불씨라도 하나만 줘. 죽은 자가 떠돌아야 하는 세상은 너무 깜깜해!"

악마가 지옥 불 하나를 던져 주자, 잭은 그것을 호박 속에 담아 들었어. 그 뒤로 사람들은 핼러윈이 되면 잭의 영혼을 위로하기 위해 호박 등을 켜는 거래.

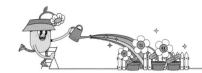

어휘 알기 색칠한 낱말과 초성을 보고 뜻풀이에 알맞은 낱말을 ___에 쓰세요.

| ㅅ | ㅅ | 주로 불행한 일과 관련된 처지와 형편. | _____ |

| ㄱ | ㄷ | ㅅ | 돈이나 재물 따위를 아끼는 태도가 몹시 지나친 사람. | _____ |

| ㅈ | ㅆ | ㄷ | 동작이 매우 빠르고 날래다. | _____ |

독해력 기르기

01 미아가 궁금해한 것은 무엇인지 빈칸에 알맞은 말을 쓰세요.

핼러윈에 [   ][   ][   ]을 켜는 이유

02 잭에 대한 내용으로 알맞으면 ○, 알맞지 않으면 ✕ 하세요.

(1) 잭은 구두쇠였지만 천국에 갔다.   (   )

(2) 잭은 천국에 가지 못하고 외롭게 세상을 떠돌았다.   (   )

(3) 잭은 악마가 열어 준 지옥문 안으로 들어갔다.   (   )

(4) 잭은 악마가 던져 준 지옥 불을 호박 속에 담아 들었다. (   )

03 핼러윈에 호박 등을 켜는 전통이 생긴 이유로 알맞은 것에 ○ 하세요.

(1)
천국도 지옥도 가지 못해
세상을 떠돌아야 하는 잭의
영혼을 위로하기 위해서

(2)
악마가 잭을 따라다닌 것처럼
악마가 자신을 따라오는 것을
막기 위해서

04 악마가 잭에게 지옥문을 열어 주지 않은 까닭을 바르게 말한 친구의 이름을 쓰세요.

(   )

> 현서: 악마는 잭의 모습이 마음에 들지 않아서 지옥문을 열어 주지 않은 거야.
> 예빈: 악마는 예전에 잭 때문에 사과나무에 갇혔던 기억이 떠올라서 잭이 원하는 것을 들어주지 않은 거야.
> 우주: 악마는 잭이 지옥에 들어가면 자신을 또 괴롭힐 것 같아서 지옥문을 열어 주지 않은 거야.

05 이 글에 대한 감상을 알맞게 말하지 <u>못한</u> 친구에 ○ 하세요.

(1) 이 글을 읽고 핼러윈에 호박 등을 켜는 이유를 알게 되었어. 앞으로 호박 등을 보면 이 이야기가 떠오를 것 같아.

(2) 계속 세상을 떠돌아야 하는 잭이 불쌍해. 나도 핼러윈이 되면 호박 등을 켜서 잭의 영혼을 위로해 주고 싶어.

(3) 잭이 악마한테 나쁜 짓을 해서 벌을 받은 건데 그런 잭을 위로하다니, 이상한 전통인 것 같아.

06 이 글의 내용을 요약했어요. 빈칸에 들어갈 알맞은 말을 쓰세요.

> 미아가 핼러윈에 호박 등을 켜는 이유를 궁금해하자 언니가 ①◻과 호박 등 이야기를 들려주었다.

> 구두쇠 잭은 ②◻◻가 자신을 따라오자 사과나무에 십자가를 그려 악마를 가두었다. 잭은 죽은 후 천국에 가지 못하고 세상을 떠돌다 지옥문 앞에 갔지만, 악마가 문을 열어 주지 않았다. 대신 악마에게 지옥 불을 받아 ③◻◻ 속에 담아 들고 다니게 되었다.

① _____   ② _____   ③ _____

흉내 내는 말

문장에 어울리는 말을 찾아 쓰세요.

쩝쩝	음식의 맛을 보거나 감칠맛이 있을 때 크게 입맛을 다시는 소리.	**졸졸**	작은 동물이나 사람이 자꾸 뒤를 따라다니는 모양.
콩콩	작고 가벼운 물건이 바닥이나 물체 위에 떨어지거나 부딪쳐 나는 소리.	**덜덜**	춥거나 무서워서 몸을 몹시 떠는 모양.

> 소리나 모양을 흉내 내는 말을 알맞게 쓰면 문장의 의미를 더욱 생생하게 나타낼 수 있어.

너는 왜 나만 _____ 따라오니?

날이 너무 추워서 몸이 _____ 떨린다.

올바른 표기

올바르게 쓰인 말에 ○ 하세요.

> 외래어는 외국에서 들어왔지만 우리말처럼 쓰는 말이야. '버스', '주스', '로봇' 등이 외래어야. 외래어는 정해진 외래어 표기법에 맞게 써야 해.

(1) 그는 시원한 (쥬스 , 주스)를 벌컥벌컥 마셨다.

(2) 미아가 가장 좋아하는 장난감은 (로보트 , 로봇)이다.

(3) 엄마가 생일날 맛있는 (케익 , 케이크)을(를) 사 주셨다.

(4) 더운 여름날 (에어컨 , 에어콘)을 트니 금세 시원해졌다.

토픽 한 줄 정리   핼러윈에 어떤 괴물로 변장하고 싶니?

나는 _____(으)로 변장할래.

왜냐하면 _____

전통을 잘 지키는 나라는 어디일까? 궁금하면 다음 장을 넘겨 봐! >>>>>

사회   소개하는 글

전통의 나라 영국을 소개합니다

한국 친구들, 안녕? 나는 영국의 런던에 사는 해리야. 내가 사는 영국을 소개해 줄게.

영국은 '전통의 나라'라고 불려. '전통'이란 옛날부터 전해 내려오는 문화나 생활 모습 같은 것을 뜻해. 영국은 옛 전통을 소중히 지키는 나라야.

많은 사람들이 '영국' 하면, 빨간 제복을 입고 높은 털모자를 쓴 병사의 모습을 떠올리곤 해. 그 병사는 버킹엄 궁전을 지키는 근위병이야. 버킹엄 궁전은 빅토리아 여왕 때부터 국왕들이 살아온 곳인데, 근위병들은 지금도 그 궁전 앞에서 국왕을 지키고 있어.

국왕과 병사가 있다고 옛날에 머물러 있는 나라라고 생각하면 안 돼. 옛날처럼 국왕이 영국을 다스리지 않거든. 영국도 한국처럼 국민이 나라의 주인이고, 선거를 통해 나라의 일을 할 사람을 뽑아. 그렇게 선거를 통해 뽑힌 총리가 한국의 대통령과 같은 일을 하지. 국왕은 영국을 대표하여 다른 나라를 방문하거나 전통 행사를 이끄는 일 등을 맡아서 해. 국왕은 영국을 대표하고 전통을 보여 주는 일을 하는 거야.

또 영국은 전통 방식으로 시어진 오래된 건물을 함부로 허물지 않아. 시청이 낡아서 새로 짓더라도 오래된 옛 시청 건물을 전시관으로 사용하지. 또 오래된 화력 발전소는 미술관으로, 부두에 있는 백 년이 넘은 창고는 상점으로 새롭게 꾸며 사용하기도 해.

영국 사람들은 옛것을 버려야 할 낡은 것으로 보지 않아. 옛것을 소중하게 가꾸다 보면 새로운 것을 만들 수 있고, 옛것에 새것을 더하여 뛰어난 문화를 만들 수도 있어. 그렇게 전통을 통해 발전하는 나라, 그곳이 바로 내가 사는 영국이란다.

▲ 버킹엄 궁전과 근위병

▲ 런던의 새 시청

어휘 알기 색칠한 낱말과 초성을 보고 뜻풀이에 알맞은 낱말을 ___에 쓰세요.

| ㅅ | ㄱ | 투표할 권리가 있는 사람이 나라의 일을 맡아 할 사람을 투표로 뽑는 일. | _____ |

| ㅂ | ㄷ | 배를 대어 사람과 짐이 땅으로 오르내릴 수 있도록 만들어 놓은 곳. | _____ |

| ㅎ | ㄹ | ㅂ | ㅈ | ㅅ | 석탄, 석유, 천연가스를 태워 전기를 만드는 곳. | _____ |

독해력 기르기

01 이 글의 중심 낱말로, 다음의 뜻을 가진 말은 무엇인지 찾아 쓰세요.

> 옛날부터 전해 내려오는 문화나 생활 모습 같은 것을 뜻하는 말

[ ][ ]

02 이 글에 나타난 영국에 대한 설명으로 바르지 <u>않은</u> 것에 ✕ 하세요.

(1) 영국의 국왕은 버킹엄 궁전에서 살고 있다.   (   )

(2) 영국에는 전통 방식으로 궁전을 지키는 근위병이 있다. (   )

(3) 영국의 국왕은 아직도 옛날처럼 영국을 다스리고 있다. (   )

03 이 글에서 영국은 다음 건물들을 무엇으로 이용한다고 했는지 각각 선으로 이으세요.

(1) 낡은 옛 시청   •   • (가) 상점

(2) 오래된 화력 발전소   •   • (나) 미술관

(3) 부두에 있는 백 년이 넘은 창고 •   • (다) 전시관

04 이 글을 읽고 전통에 대한 영국 사람들의 생각을 바르게 짐작한 친구의 이름을 쓰세요. (   )

> **경수**: 영국 사람들은 전통을 옛날 그대로 지키며 절대로 바꾸지 않겠다고 생각하는 것 같아.
>
> **온조**: 영국 사람들은 전통이 버려야 할 낡은 것이어서 새로운 것으로 바꾸는 게 좋다고 생각하는 것 같아.
>
> **지원**: 영국 사람들은 전통을 소중히 지키기도 하고, 전통과 새로운 것을 합쳐서 발전시키는 것도 필요하다고 생각하는 것 같아.

05 영국이 전통을 대하는 방식과 비슷한 우리나라의 예로 알맞은 것을 골라 ○ 하세요.

(1)

오래된 집들을 허물고 살기 편하게 새로 지은 아파트

(2)

역사와 전통이 있는 마을을 보존하여 만든 관광지

06 이 글의 내용을 요약했어요. 빈칸에 들어갈 알맞은 말을 쓰세요.

처음	영국은 ①⬜⬜을 소중히 지키는 나라이다.
↓	
가운데	· 영국에는 전통을 보여 주는 일을 하는 ②⬜⬜이 있고, 전통 방식 그대로 궁전에서 국왕을 지키는 근위병도 있다. · 영국에서는 전통 방식으로 지어진 오래된 건물을 함부로 허물지 않고 전시관, 미술관, 상점으로 새롭게 꾸며 사용한다.
↓	
끝	③⬜⬜은 전통을 통해 발전해 나가는 나라이다.

① ＿＿＿＿＿＿＿＿   ② ＿＿＿＿＿＿＿＿   ③ ＿＿＿＿＿＿＿＿

직업을 나타내는 말

직업을 나타내는 말을 글자판에서 찾아 빈칸에 쓰세요.

경	근	왕
리	호	총
인	여	원
위	군	병

다른 사람의 몸과 안전을 돌보는 일을 임무로 하는 사람.

경	호	원

(1) 임금을 가까이에서 보호하고 지키던 군인.

(2) 민주주의 국가에서 국가의 행정 부서의 일을 관리하는 역할을 하는 사람.

(3) 왕국에서 성별이 여성이며 나라를 다스리는 최고 지위에 있는 사람.

헷갈리는 말

문장에 어울리는 낱말에 ○ 하세요.

낡다
물건 따위가 오래되어 헐고 지저분해지다.

늙다
사람이나 동물, 식물이 나이를 많이 먹다.

오래된 것을 뜻하는 '늙다'와 '낡다'의 뜻이 어떻게 다른지 살펴봐!

(1) 건물이 너무 (낡아서 , 늙어서) 허물기로 했다.

(2) 오늘 저녁에 (늙은 , 낡은) 호박으로 만든 호박죽을 먹었다.

(3) 나무 그늘 아래에서 (늙은 , 낡은) 개가 자고 있다.

토픽 한 줄 정리

글에 나온 장소 중 가 보고 싶은 곳은 어디니?

☐ 전시관이 된 시청　　☐ 미술관이 된 화력 발전소　　☐ 상점이 된 창고

왜냐하면 _____

사람들이 좋아하는 전통 놀이는 무엇일까?
다음 장을 넘겨 봐! >>>>>

연날리기

　연날리기는 우리나라의 대표적인 전통 놀이이면서 중국과 일본의 전통 놀이이기도 해요. 하지만 우리나라의 연날리기와 중국과 일본의 연날리기는 차이가 있어요.

　우리 조상들은 주로 설날부터 정월 대보름까지 연을 가지고 놀았어요. 연을 가지고 노는 방법은 크게 두 가지였어요. 하나는 연을 하늘에 띄워 높이 날리는 방법이고, 또 하나는 상대의 연줄을 끊는 연싸움이에요. 연을 높이 올릴 때에는 가오리연을, 연싸움을 할 때에는 방패연을 썼어요. 가오리연은 바람을 타고 높이 올라가기 쉬운 모양이고, 방패연은 이리저리 방향을 조종하기 쉬워 연싸움에 유리하기 때문이에요.

　중국에서는 주로 봄에 연싸움 대신 연을 높이 올리는 놀이만 했어요. 그래서 가오리연처럼 높게 잘 올라가는 모양의 연이 만들어졌어요. 또 여러 개의 연을 하나로 길게 이어 붙이거나, 물고기나 새 모양 등으로 다양하고 화려하게 만들었어요.

　일본에서는 우리나라처럼 설날에 연을 가지고 놀았어요. 하지만 정월 대보름 이후에는 연을 날리지 않은 우리와 달리, 단오와 같은 명절에도 연을 가지고 놀았어요. 또 중국처럼 연을 높이 날리는 데 집중했어요. 그래서 일본에서도 중국처럼 화려한 모양과 색깔의 연이 발달했어요.

　이처럼 연날리기는 우리나라와 중국, 일본 사람들 모두가 즐기던 전통 놀이예요. 하지만 연을 갖고 노는 방식, 연을 날리는 시기, 연의 모양 등은 나라마다 특색 있게 발전했어요.

▶ 가오리연

▲ 방패연

어휘 알기 색칠한 낱말과 초성을 보고 뜻풀이에 알맞은 낱말을 ___에 쓰세요.

| ㅇ | ㅈ | 연을 매어서 날리는 데 쓰는 실.   _____

| ㄷ | ㅇ | 우리나라 명절의 하나로 음력 5월 5일.   _____

| ㅈ | ㅇ | ㄷ | ㅂ | ㄹ | 한 해의 첫 보름날인
음력 1월 15일.   _____

독해력 기르기

01 이 글은 무엇에 대해 설명하는 글인지 빈칸에 알맞은 말을 쓰세요.

나라마다 다른 ☐☐☐☐ 방법

02 이 글에서 설명한 우리나라의 연날리기 방법 두 가지를 골라 ○ 하세요.

(1) 연을 여러 개 이어 붙여 날리는 방법 　　　　　　(　　)

(2) 연을 하늘에 띄워 높이 날리는 방법 　　　　　　(　　)

(3) 연을 날리면서 상대의 연줄을 끊으며 놀이하는 방법 (　　)

03 나라마다 연날리기를 했던 시기를 알맞게 선으로 이으세요.

(1) 한국 •

(2) 중국 •

(3) 일본 •

• (가) 설날, 단오 같은 명절에 연을 가지고 놀았다.

• (나) 주로 봄에 연을 날렸다.

• (다) 설날부터 정월 대보름까지 연을 가지고 놀았다.

04 이 글에서 설명한 내용으로 알맞지 <u>않은</u> 것은 무엇인가요? (   )

① 중국에서는 물고기, 새와 같이 다양한 모양의 연이 발달했다.

② 중국에서는 연싸움을 많이 해서 방패연이 만들어졌다.

③ 일본에서는 화려한 모양과 색깔의 연이 발달했다.

④ 우리나라에서는 연을 높이 올리는 놀이를 할 때 가오리연을 썼다.

⑤ 연날리기는 우리나라, 중국, 일본의 전통 놀이이다.

05 이 글에서 설명한 내용을 바탕으로 연날리기에 대한 계획을 알맞게 세우지 <u>못한</u> 친구에 ○ 하세요.

(1)
> 연싸움이 재미있을 것 같아. 나도 가오리연을 가지고 연싸움을 해 봐야지.

(2)
> 일본에 가서 화려한 연을 높이 날리는 놀이를 하고 싶어.

(3)
> 중국으로 여행을 가면 중국의 새 모양 연을 구경하고 직접 날려 보고 싶어.

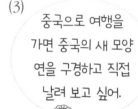

06 이 글의 내용을 요약했어요. 빈칸에 들어갈 알맞은 말을 쓰세요.

① ☐☐☐☐는 우리나라, 중국, 일본의 전통 놀이이다.

우리나라	중국	일본
설날부터 정월 대보름까지 연날리기를 했다. 연을 높이 날릴 때에는 가오리연을, 연싸움을 할 때에는 ② ☐☐☐을 썼다.	주로 봄에 연날리기를 했고, 다양하고 화려한 모양의 연을 만들어 높이 날리며 놀았다.	설날, 단오와 같은 ③ ☐☐에 연날리기를 했고, 중국처럼 화려한 연을 높이 날리며 놀았다.

① ＿＿＿＿＿＿＿＿   ② ＿＿＿＿＿＿＿＿   ③ ＿＿＿＿＿＿＿＿

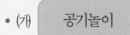

📖 이름을 나타내는 말

설명에 알맞은 전통 놀이를 찾아 선으로 이으세요.

(1) 여러 사람이 편을 갈라서 밧줄을 잡고 당겨서 승부를 겨루는 놀이. •   • (가) 공기놀이

(2) 작은 돌을 땅바닥에 놓고 일정한 규칙에 따라 집고 던져서 받는 놀이. •   • (나) 줄다리기

(3) 병이나 항아리 속에 화살을 던져 넣어 승부를 겨루는 놀이. •   • (다) 투호

📖 시키는 표현

문장에 알맞은 표현에 ○ 하세요.

기본형	시키는 표현
입다	입히다
먹다	먹이다
날다	날리다

어떤 대상에게 행동이나 동작을 하게 함을 나타내는 동사는 기본형에 '이', '히', '리', '기' 따위가 붙은 형태로 쓰여.

(1) 엄마가 아기에게 밥을 (먹다 , 먹이다).

(2) 아빠가 언니에게 새 옷을 (입다 , 입히다).

(3) 동생이 종이비행기를 하늘에 (날고 , 날리고) 있다.

토픽 한 줄 정리

어떤 연을 날려 보고 싶어?

☐ 가오리연   ☐ 방패연   ☐ 중국의 전통 연   ☐ 일본의 전통 연

왜냐하면 _____

자연재해에 어떻게 대처해야 할까?

옛날 사람들은 자연재해를 어떻게 생각 했을까?

가장 무서운 자연재해는 무엇일까?

자연재해도 예측할 수 있을까?

자연재해

| 피할 수 없는 자연 현상으로 인해 일어나는 피해.

자연재해와 관련된 이야기가 있을까?

자연재해는 왜 일어날까?

화산 폭발은 얼마나 위험할까?

옛날에는 자연재해를 어떻게 이겨 냈을까?

1일   옛날 사람들은 자연재해를 어떻게 생각했을까?

「포세이돈과 오디세우스」

세계 | 신화

2일   화산 폭발은 얼마나 위험할까?

「화산 폭발로 사라진 도시, 폼페이」

자연 | 설명하는 글

3일   자연재해에 어떻게 대처해야 할까?

「지진에 대비해요」

과학 | 설명하는 글

4일   자연재해와 관련된 이야기가 있을까?

「홍수에서 살아남은 나무 도령」

우리 | 전래

5일   옛날에는 자연재해를 어떻게 이겨 냈을까?

「비가 내리기를 비는 제사, 기우제」

문화 | 설명하는 글

포세이돈과 오디세우스

그리스인들은 누구나 바다를 두려워했어요. 평소 바다는 거울처럼 잔잔했지만, 순식간에 세상이 뒤집힌 것처럼 들썩이다가 집채만 한 파도가 배와 사람을 집어삼켰어요. 그럴 때 사람이 할 수 있는 것은 바다의 신 포세이돈에게 기도하는 것밖에 없었어요.

포세이돈은 바다 용을 타고 삼지창을 든 채 바다를 누볐어요. 그러다 화가 나면 삼지창을 바다 깊이 찔러 풍랑을 일으키고, 산처럼 거대한 파도가 치게 했어요. 포세이돈이 입김만 불어도 어마어마한 폭풍우가 몰아쳤지요. 그래서 사람들은 포세이돈을 화나게 하지 않으려고 항상 노력했어요.

그리스의 영웅인 오디세우스 역시 그런 마음으로 바다를 항해하고 있었어요. 그러다 우연히 외눈 거인 폴리페모스의 땅에 닿았지요. 그곳에서 오디세우스와 부하들은 거인들이 사는 동굴에 들어가게 되었어요. 폴리페모스는 곧 그 사실을 알게 되었고, 오디세우스와 부하들을 동굴에 가두고 한 명씩 잡아먹기 시작했어요.

오디세우스는 폴리페모스가 잠이 든 틈에 그의 외눈을 찔러 앞이 보이지 않게 하고는 겨우 도망쳐 나왔어요.

이를 안 포세이돈은 분노했어요. 폴리페모스는 포세이돈의 아들이었거든요.

"감히!"

불같이 화가 난 포세이돈은 오디세우스의 배를 향해 폭풍우를 일으켰어요. 그 폭풍우에 배도 사람들도 모두 바닷속으로 가라앉고 말았지요.

오디세우스는 겨우 목숨을 건졌지만, 계속 바다를 떠돌아야 했어요. 그렇게 10년이 지난 뒤에야 오디세우스는 고향으로 돌아갈 수 있었답니다.

어휘 알기 색칠한 낱말과 초성을 보고 뜻풀이에 알맞은 낱말을 ____에 쓰세요.

| ㅍ | ㄹ | 바람과 물결을 아울러 이르는 말.

_____

| ㅇ | ㄴ | 짝을 이루지 않은 단 하나의 눈.

_____

| ㅅ | ㅈ | ㅊ | 끝이 세 갈래로 갈라진 창.

_____

독해력 기르기

01 다음 등장인물과 각 인물의 특징을 바르게 선으로 이으세요.

(1) 포세이돈 •

(2) 오디세우스 •

(3) 폴리페모스 •

• (가) 그리스의 영웅으로, 부하들과 함께 바다를 항해함.

• (나) 바다의 신으로, 입김만 불어도 바다에 어마어마한 폭풍우를 일으킴.

• (다) 외눈 거인이고, 포세이돈의 아들임.

02 이 글에서 포세이돈이 한 일로 알맞은 것을 골라 ○ 하세요.

(1) 오디세우스의 부하들을 한 명씩 잡아먹었다.   (   )

(2) 폴리페모스의 외눈을 찔렀다.   (   )

(3) 오디세우스의 배를 향해 폭풍우를 일으켰다.   (   )

03 오디세우스가 계속 바다를 떠돌아야 했던 이유로 알맞은 것은 무엇인가요? (   )

① 바다를 항해하는 것을 좋아해서

② 눈을 다쳐 앞이 보이지 않게 되어서

③ 폴리페모스의 동굴에 갇혀 빠져나오지 못해서

④ 외눈 거인 폴리페모스가 오디세우스를 쫓아와서

⑤ 포세이돈이 일으킨 파도에 배도 사람들도 모두 바닷속으로 가라앉아서

04 다음은 친구들이 이 글을 읽고 감상을 말한 것입니다. 알맞지 <u>않은</u> 내용을 말한 친구의 이름을 쓰세요. (   )

아정: 인간에게 파도는 크고 두려운 존재잖아. 그래서 옛날 사람들은 파도의 힘을 바다의 신 포세이돈의 힘이라고 생각하고 이런 이야기를 지은 것 같아.

인하: 배를 타고 가다가 갑자기 큰 파도를 만나는 것은 목숨을 잃을 수도 있는 큰 위험이니까 바다를 두려워한 그리스인들의 마음이 이해가 돼.

시우: 바다에서는 오디세우스가 가장 중요하니까 오디세우스를 화나게 하면 절대로 안 된다는 교훈을 얻었어.

05 이 글의 내용을 요약했어요. 빈칸에 들어갈 알맞은 말을 쓰세요.

> 오디세우스는 ①□□를 항해하다가 외눈 거인 폴리페모스의 땅에 닿았다. 폴리페모스는 오디세우스와 부하들을 동굴에 가두고 잡아먹기 시작했다. 오디세우스는 폴리페모스가 잠든 틈에 그의 ②□□을 찌르고 도망쳤다. 불같이 화가 난 포세이돈이 오디세우스의 배를 향해 ③□□□를 일으켰다. 오디세우스는 바다를 떠돌다 10년 후에나 고향에 돌아갈 수 있었다.

①_____   ②_____   ③_____

어휘력 더하기

뜻을 더하는 말

빈칸에 알맞은 말을 쓰세요.

외-

어떤 말 앞에 붙어 '혼자인', '하나인'의 뜻을 더한다.

+

| 눈 | 아들 |
| 길 | 마디 |

외 ☐

단 한 군데로만 난 길.

외 ☐☐

다른 자식이 없이 단 하나뿐인 아들.

외 ☐☐

소리나 말의 단 한 마디.

빗대어 표현하는 말

빈 곳에 어울리는 말을 찾아 쓰세요.

빗대어 표현하는 방법

빗대어 표현할 대상을 찾아 '~처럼', '~같이' 어떠한지 나타낸다.

예 산처럼 거대한 파도

| 방울 | 얼음 | 궁궐 |

다른 것에 빗대어 표현하면 대상의 특징을 생생하게 전달할 수 있어.

(1) _____처럼 큰 집

(2) _____같이 동그란 눈

(3) _____처럼 차가운 물

토픽 한 줄 정리

오디세우스가 10년이나 바다를 떠돌게 된 건 누구 때문일까?

☐ 오디세우스 자신 때문이야!   ☐ 포세이돈 때문이야!

왜냐하면 _____

화산이 폭발하면 어떻게 될까?
궁금하면 다음 장을 넘겨 봐! >>>>>

화산 폭발로 사라진 도시, 폼페이

폼페이는 이탈리아 남서쪽 바닷가에 있던 고대 도시예요. 고대 로마 시대부터 귀족들이 별장을 둘 만큼 아름다운 도시였지요. 지금은 유명한 관광지가 되어 사람들의 발길이 끊이지 않아요. 그런데 이 폼페이가 화산 폭발로 사라진 적이 있어요.

79년 8월 24일, 갑자기 하늘과 땅을 뒤흔드는 커다란 폭발음이 들렸어요. 베수비오산이 갑자기 폭발한 거예요. 뜨거운 용암이 산을 타고 도시로 흘러내렸지요.

화산재로 이뤄진 연기 기둥이 하늘 높이 솟아올랐다가 비처럼 쏟아져 내렸어요. 시내에 있던 집과 별장, 많은 이들이 모여 있던 광장과 목욕탕도 눈 깜짝할 사이에 화산재에 묻히고 말았지요.

약 2000여 명의 시민들이 화산재에 묻혀 목숨을 잃었어요. 이들은 대화를 하다가, 빵을 굽다가 화산재에 그대로 파묻혀 버렸어요. 화산재가 얼마나 빨리 몰려왔는지, 피하기는커녕 일을 하던 모습 그대로 화산재를 뒤집어쓰고 화석이 되어 버렸지요.

화산 폭발은 이처럼 도시 전체를 사라지게 할 수도 있을 만큼 무시무시한 자연재해예요. 옛날에는 화산이 언제 폭발할지 알아챌 수 없어서 더욱 두려운 재앙이었어요. 하지만 최근에는 인공위성과 최신 장비를 이용해 화산 폭발을 예측하고 대비할 수 있어요. 화산을 감시해, 화산 폭발의 징후가 보이면 사람들이 미리 대피할 수 있도록 안내하고 있어요. 이러한 노력 덕분에 화산 폭발로 인한 피해가 줄긴 했지만 화산 폭발은 여전히 무서운 자연재해랍니다.

▲ 폼페이 유적과 베수비오산

어휘 알기 색칠한 낱말과 초성을 보고 뜻풀이에 알맞은 낱말을 ___에 쓰세요.

| ㅈ | ㅎ | 겉으로 나타나는 낌새. | _____ |

| ㅂ | ㅈ | 살림을 하는 집 이외에 경치 좋은 곳에 따로 지어 놓고 때때로 묵는 집. | _____ |

| ㅈ | ㅇ | 뜻하지 않게 생긴 불행한 사고. | _____ |

독해력 기르기

01 폼페이에 일어난 자연재해는 무엇인지 빈칸에 쓰세요.

☐ ☐ ☐ ☐

02 이 글에서 설명한 폼페이의 화산 폭발 현상으로 알맞은 것을 모두 골라 ○ 하세요.

(1) 화산이 갑자기 폭발하여 용암이 흘러내렸다.   (   )

(2) 화산이 폭발할 때 아무 소리도 들리지 않았다.   (   )

(3) 화산재가 비처럼 쏟아져 내려 도시 전체를 뒤덮었다. (   )

03 이 글에서 설명한 내용으로 알맞지 <u>않은</u> 것은 무엇인가요? (   )

① 폼페이는 이탈리아 남서쪽 바닷가에 있던 고대 도시이다.

② 폼페이에서 화산 폭발이 있었지만 다행히 사람들의 피해는 적었다.

③ 폼페이는 지금 유명한 관광지로 많은 사람들이 찾고 있다.

④ 폼페이는 화산 폭발로 도시 전체가 사라진 적이 있다.

⑤ 79년 8월 24일에 베수비오산이 갑자기 폭발했다.

04 이 글에 나온 화산 폭발에 대비하는 까닭과 방법이 알맞게 짝 지어진 것을 골라 ○ 하세요.

(1)
| 화산 폭발이 일어나면 피해가 무척 크기 때문에 | 최신 장비를 이용하여 화산을 감시함. |

(2)
| 화산이 폭발하면 유명한 관광지가 되기 때문에 | 인공위성과 최신 장비를 이용하여 화산 폭발을 예측함. |

05 이 글에 나온 것과 같은 종류의 자연재해에 대해 말하지 <u>않은</u> 친구에 ○ 하세요.

(1) 제주도도 화산 폭발로 생겨난 섬이래. 제주도는 더 이상 활동하지 않는 '휴화산'이긴 하지만 과학자들이 계속 연구하고 있대.

(2) 얼마 전 강원도에서 큰 산불이 나는 뉴스를 봤어. 산불은 정말 무서운 재해인 것 같아.

(3) 북한에 있는 백두산도 아주 먼 옛날 몇 차례 폭발했던 적이 있대. 앞으로도 폭발할 가능성이 있어서 조심해야 한다는 기사를 봤어.

06 이 글의 내용을 요약했어요. 빈칸에 들어갈 알맞은 말을 쓰세요.

| 폼페이에서 일어난 화산 폭발 | 이탈리아의 유명한 관광지인 ①□□□가 화산 폭발로 사라진 적이 있다. 아주 오래 전, 베수비오산이 갑자기 폭발하여 용암이 도시로 흘러내리고 도시 전체가 순식간에 ②□□□에 묻혀 버렸다. |
| 화산 폭발에 대비하는 방법 | 화산 폭발은 매우 위험한 ③□□□□로 최근에는 인공위성과 최신 장비를 이용하여 화산 폭발을 예측하고, 그에 알맞은 대비를 하고 있다. |

① _____   ② _____   ③ _____

 뜻이 비슷한 말

문장에 밑줄 친 말과 비슷한 말을 찾아 선으로 이으세요.

온도가 변한 것을 알아채다.	시험을 철저히 준비하다.	적의 움직임을 살피다.

감시하다	감지하다	대비하다
단속하기 위하여 주의 깊게 살피다.	느끼어 알다.	앞으로 일어날지도 모르는 일을 위해 준비하다.

 관용 표현

관용 표현이 문장에 어울리게 쓰였으면 ◯, 어울리지 않으면 ☒에 ◯ 하세요.

(1) 아이가 눈 깜짝할 사이에 도망갔다.　◯ ☒

(2) 그는 눈 깜짝할 사이에 밥 한 공기를 먹어 치웠다.　◯ ☒

(3) 달팽이가 눈 깜짝할 사이에 기어간다.　◯ ☒

'눈 깜짝할 사이'는 매우 짧은 순간을 나타내는 말이야.

토픽 한 줄 정리　'화산' 하면 떠오르는 것은?

☐ 붉은 용암　　　☐ 폭발　　　☐ 화산재

그리고 _____

 지진도 대비할 수 있다고? 궁금하면 다음 장을 넘겨 봐! >>>>>

자연재해 **83**

지진에 대비해요

지진은 주로 지구의 겉껍데기인 지각이 움직이거나 화산 폭발로 발생하는 자연재해예요. 큰 지진이 일어나면 건물이 무너지고 사람들이 다치는 등 어마어마한 피해가 생겨요. 그래서 우리는 다양한 방법으로 지진에 대비하고 있어요.

먼저, 지진 발생을 예측하기 위한 연구를 하고 있어요. 지진이 일어나는 것을 막을 수는 없지만, 지진이 일어날 것을 예측하면 사람들을 미리 대피시킬 수 있기 때문이에요. 그래서 과학자들은 지진을 일으키는 원인인 땅의 움직임이나 화산을 관측해 지진이 일어날 가능성을 살피고 있어요.

또 지진에 견딜 수 있도록 건축물을 설계해요. 지진이 일어났을 때 건물이 무너지거나 도로, 댐 같은 시설이 붕괴되면 많은 사람들이 다치거나 죽을 수 있어요. 그래서 땅이 흔들려도 버틸 수 있게 건물을 설계하고, 건물의 토대와 뼈대를 더욱 튼튼하게 만들고 있어요.

그리고 지진이 일어났을 때 해야 할 행동을 알려 주고, 대피 훈련도 하고 있어요. 지진이 일어나면 우선 식탁이나 탁자 아래로 몸을 숨겨야 해요. 가구가 쓰러지거나 벽이 무너질 때를 대비하는 거예요. 가스 밸브를 잠그고, 문을 열어 둬요. 가스가 새서 불이 나는 것을 막고, 밖으로 나갈 출구를 확보하는 거예요. 그리고 흔들림이 멈추면 계단을 이용해 건물 밖으로 나가 운동장과 같은 넓은 곳으로 가야 해요.

최근 우리나라에서 규모가 꽤 큰 지진이 발생했어요. 우리나라도 이제 지진의 안전지대가 아니에요. 그러므로 지진에 대한 대비가 꼭 필요해요.

▲ 지진으로 깨진 도로

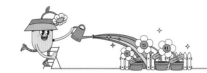

어휘 알기 색칠한 낱말과 초성을 보고 뜻풀이에 알맞은 낱말을 ___에 쓰세요.

ㅂ ㄱ   무너지고 깨어짐.

_____

ㄷ ㅍ   위험이나 피해를 입지 않도록 잠깐 동안 피함.

_____

ㅌ ㄷ   건물을 떠받치는, 건물의 맨 밑바닥 부분.

_____

독해력 기르기

01 이 글은 무엇에 대해 설명한 것인지 알맞은 것에 ○ 하세요.

(1) 지진이 많이 일어나는 장소   (   )

(2) 지진을 연구하는 유명한 과학자   (   )

(3) 지진에 대비하는 다양한 방법   (   )

02 이 글에서 설명한 지진 대비 방법과 그 예를 바르게 선으로 이으세요.

(1) 지진으로 건물이 무너지는 것을 막는 방법   •   • (개) 식탁이나 탁자 아래로 몸을 숨김.

(2) 지진이 일어났을 때 대피하는 방법   •   • (내) 땅이 흔들려도 버틸 수 있게 건물을 설계함.

03 이 글을 읽고 알 수 <u>없는</u> 것에 ✕ 하세요.

(1) 지진 발생을 예측하는 방법   (   )

(2) 우리나라에서 최근 지진이 많이 발생하는 까닭   (   )

(3) 지진이 일어났을 때 해야 할 일   (   )

04 이 글의 내용을 바르게 이해하지 <u>못한</u> 친구의 이름을 쓰세요. (   )

> **지효**: 지진에 견딜 수 있도록 건물을 튼튼하게 지으면 지진이 일어났을 때 건물이 무너지는 것을 최대한 막을 수 있을 거야.
>
> **초희**: 지진이 일어났을 때 대피 방법을 바르게 알고 있어야 해.
>
> **유진**: 지진은 예측할 수 없는 위험한 자연재해라서 지진이 일어나면 많은 사람들이 피해를 입을 수밖에 없구나.

05 이 글에서 설명한 내용에 어울리는 속담은 무엇인가요? (   )

① 굼벵이도 구르는 재주가 있다.

② 호랑이도 제 말 하면 온다.

③ 가는 말이 고와야 오는 말이 곱다.

④ 넘어지기 전에 지팡이 짚다.

⑤ 말이 씨가 된다.

06 이 글의 내용을 요약했어요. 빈칸에 들어갈 알맞은 말을 쓰세요.

> 우리는 다양한 방법으로 ①☐☐에 대비하고 있다.

지진 발생 예측	건축물 설계	지진 대피 방법
과학자들이 땅의 움직임과 ②☐☐을 관찰해서 지진이 일어날 가능성을 살핀다.	지진이 일어났을 때 건물이 붕괴되지 않도록 튼튼하게 설계한다.	지진이 일어나면 집 안에서 어떻게 행동해야 하는지를 알려 주고 ③☐☐ 훈련을 한다.

① _____   ② _____   ③ _____

 물(物)이 들어간 낱말

빈칸에 주어진 말을 써넣어 한자어를 완성하세요.

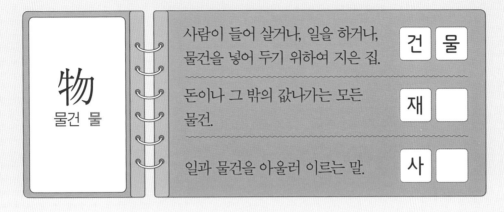

物 물건 물	사람이 들어 살거나, 일을 하거나, 물건을 넣어 두기 위하여 지은 집.	건	물
	돈이나 그 밖의 값나가는 모든 물건.	재	
	일과 물건을 아울러 이르는 말.	사	

헷갈리는 말

알맞은 말에 ○ 하세요.

꽤	꾀
보통보다 조금 더한 정도로. 제법 괜찮을 정도로.	일을 잘 꾸며 내거나 해결해 내는 묘한 생각이나 수단.

'꽤'와 '꾀'는 의미와 쓰임이 다르지만 발음이 비슷해서 헷갈리기 쉬우니 조심해.

(1) 그 친구의 (꽤 , 꾀)에 넘어갈 뻔했다.

(2) 밥을 (꽤 , 꾀) 많이 먹었는데 아직도 배가 고프다.

(3) 삼촌은 (꽤 , 꾀) 좋은 집에 산다.

토픽 한 줄 정리   지진이 일어났을 때 대피하는 방법을 잘 알고 있니?

☐ 당연하지!   ☐ 아직 잘 몰라!

그래서 _____ 할 거야!

 홍수와 관련한 옛이야기를 알고 있니?
궁금하면 다음 장을 넘겨 봐! >>>>>

홍수에서 살아남은 나무 도령

　　나무 도령은 선녀와 계수나무 사이에서 태어났어요. 선녀가 하늘로 올라가자, 계수나무가 나무 도령을 홀로 길렀어요. 어느 날, 큰비가 내리기 시작했어요. 비는 몇 날 며칠을 쉬지 않고 내렸어요. 계수나무가 나무 도령에게 말했어요.

　　"곧 강물이 흘러넘쳐서 이 들에 있는 모든 것들을 쓸어 버릴 거야. 나 같은 나무들은 뿌리째 뽑히고, 들은 바다처럼 변하겠지."

　　"그럼 저는 어떡해요?"

　　나무 도령이 울먹였어요.

　　"내 뿌리가 뽑히면, 내게 올라타. 내가 너에게 배가 되어 줄 테니."

　　계수나무가 말을 마치자마자, 강물이 들로 넘쳐흐르기 시작했어요. 강물은 산더미처럼 밀려와 모든 것을 쓸어 버렸지요. 계수나무도 뿌리째 뽑히고 말았어요.

　　나무 도령은 계수나무 위에 올라탔어요. 며칠이 지나도 비는 그치지 않았고, 물이 들과 언덕, 산까지 집어삼켰어요. 나무 도령은 너무 두려웠어요.

　　"이 세상에 우리만 남은 것 같아요."

　　그러자 계수나무가 말했어요.

　　"모든 것이 물에 잠겨 사라진 거야. 하지만 세상은 다시 시작될 거야."

　　며칠이 지났어요. 어느새 비도 그쳤지요. 나무 도령은 끝이 보이지 않는 물바다를 바라보며 한숨을 내쉬었어요. 살아 있는 생명은 하나도 보이지 않았거든요.

　　하지만 얼마 뒤, 나무 도령은 떠내려오는 동물과 개미, 모기 떼를 차례로 구해 주었어요. 또 작은 통나무를 부여잡고 떠내려오는 소년도 구해 주었어요.

　　마침내 나무 도령은 섬에 닿았어요. 모든 것이 물에 잠겨 높은 산봉우리가 섬이 된 곳이었어요. 나무 도령은 그곳에 살던 할머니의 딸과 결혼했고, 우리는 그들의 후손이래요.

어휘 알기 색칠한 낱말과 초성을 보고 뜻풀이에 알맞은 낱말을 ___에 쓰세요.

ㅎ	ㅅ		여러 세대가 지난 뒤의 자녀를 통틀어 이르는 말.	_____
ㅅ	ㄷ	ㅁ	물건이 많이 쌓여 있는 모습을 비유적으로 가리키는 말.	_____
ㅂ	ㅇ	ㅈ	ㄷ	두 손으로 힘껏 붙들어 잡다.

_____

독해력 기르기

01 이 글에서 모든 것이 물에 잠긴 까닭은 무엇인지 빈칸에 알맞은 말을 쓰세요.

몇 날 며칠 ☐ ☐ 가 쉬지 않고 내려서

02 큰비가 계속 내린 후 일어난 일로 알맞지 <u>않은</u> 것은 무엇인가요? (   )

① 계수나무가 뿌리째 뽑혔다.
② 강물이 들로 넘쳐흘렀다.
③ 강물이 밀려와 모든 것을 쓸어 버렸다.
④ 땅 위에 살아 있는 생명은 하나도 남지 않았다.
⑤ 동물, 개미, 모기 떼가 떠내려왔다.

03 나무 도령이 한 일로 알맞은 것을 모두 찾아 ○ 하세요.

(1) 비가 그친 후 떠내려오는 개미와 모기 떼를 구해 주었다. (   )
(2) 계수나무가 뿌리째 뽑히자 나무 위에 올라탔다.   (   )
(3) 강물이 들로 넘쳐흐르자 강물을 헤엄쳐 섬으로 갔다.   (   )

04 다음은 친구들이 나무 도령의 마음을 짐작하여 말한 것입니다. 알맞지 <u>않은</u> 내용을 말한 친구의 이름을 쓰세요. (   )

> **다현:** 큰비가 계속 내려 모든 것이 물에 잠길 때 정말 무서웠을 것 같아.
> **수민:** 계수나무에 올라타고 물 위를 떠갈 때 무척 신나고 즐거웠을 것 같아.
> **호정:** 계수나무가 배가 되어 주었을 때 고맙고 든든했을 것 같아.

05 이 글에서 일어난 일의 원인과 결과를 각각 알맞게 선으로 이으세요.

원인		결과
(1) 큰비가 쉬지 않고 내림. •	• (가)	나무 도령이 소년을 구해 줌.
(2) 나무 도령이 한 소년을 발견함. •	• (나)	계수나무가 뿌리째 뽑힘.

06 이 글의 내용을 요약했어요. 빈칸에 들어갈 알맞은 말을 쓰세요.

큰비가 내리자 계수나무가 뿌리째 뽑혔고, 나무 도령이 ① ☐☐☐☐ 위에 올라탔다.	→	비가 그친 후, 나무 도령은 떠내려오는 동물과 ② ☐☐, 모기 떼, 소년을 구해 주었다.	→	마침내 나무 도령은 섬에 닿았고 그곳에 살던 할머니의 ③ ☐ 과 결혼했다.

① _____　② _____　③ _____

뜻이 비슷한 말

뜻이 비슷한 말끼리 ◯로 묶으세요.

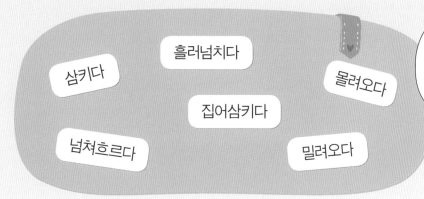

삼키다

흘러넘치다

몰려오다

집어삼키다

넘쳐흐르다

밀려오다

'흘러넘치다'와 '넘쳐흐르다' 모두 물 같은 액체가 가득 차서 흘러내린다는 뜻이야.

뜻을 더하는 말

문장의 빈 곳에 알맞은 말을 쓰세요.

-째 어떤 낱말 뒤에 붙어 '그대로' 또는 '전부'의 뜻을 더해 준다.

예 뿌리째: 가지, 줄기와 함께 뿌리를 포함한 전부.
껍질째: 과일이나 야채 따위의 껍질을 벗기지 않은 그대로의 상태.
그릇째: 그릇과 그릇에 담긴 내용물 모두.

낱말의 뒤에 '째'가 붙어서 만들어진 말들을 살펴봐!

(1) 큰비로 커다란 나무가 _____ 뽑혔다.

(2) 나는 그 음식이 너무 맛있어서 _____ 들고 먹었다.

(3) 사과는 _____ 먹는 것이 건강에 좋다.

토픽 한 줄 정리

등장인물에게 해 주고 싶은 말은?

☐ 계수나무에게　　　☐ 나무 도령에게

_____

옛날에는 비가 안 오면 제사를 지냈대.
이유가 궁금하면 다음 장을 넘겨 봐! >>>>>

자연재해 91

비가 내리기를 비는 제사, 기우제

옛날, 우리 조상들은 한참 동안 비가 내리지 않으면 기우제를 지냈어요. 기우제는 비를 내려 달라고 하늘에 기원하는 제사예요.

우리 조상들은 농사를 지으며 살았어요. 농사를 지을 때 꼭 필요한 것은 물이에요. 봄에 비가 내려야 씨를 뿌리고 모내기를 할 수 있었고, 여름에도 시시때때로 비가 내려야 봄에 뿌린 씨나 모가 잘 자랄 수 있었어요. 옛날에는 물을 모아 두는 시설이 부족했기 때문에 농사를 지으려면 비가 제때 내려 줘야 했어요.

비가 오랜 기간 내리지 않아 가뭄이 들면, 농사가 제대로 되지 않고 곡식이 부족해졌어요. 그래서 죽을 끓여 먹거나 산에 올라가 나무껍질을 벗겨 먹고, 풀뿌리를 캐서 먹어야 했지요.

비가 내리지 않으면 마을마다 기우제를 지냈어요. 높은 산에 올라 연기를 피워 올리면, 연기가 비를 내려 달라는 소망을 하늘의 신에게 전해 줄 거라고 생각했지요. 큰 강이나 바닷가에서 지내기도 했어요. 강과 바다에서 큰 구름이 일어나 비가 내린다고 생각했기 때문이에요. 또, 신의 노여움 때문에 가뭄이 들었다고 생각해 춤과 노래로 신을 위로했어요. 전국에 걸쳐 큰 가뭄이 들면, 임금이 직접 기우제를 지내기도 했어요. 임금은 가뭄이 든 것이 자신의 탓이라며 비를 내려 달라고 하늘에 간절히 기도했대요.

기우제는 가뭄이라는 자연재해를 이겨 내려는 우리 조상들의 노력이었어요.

어휘 알기 색칠한 낱말과 초성을 보고 뜻풀이에 알맞은 낱말을 ____에 쓰세요.

| ㄱ | ㅁ |

오랫동안 계속하여 비가 내리지 않아 메마른 날씨.

_____

| ㅁ | ㄴ | ㄱ |

벼의 싹을 길러 논으로 옮겨 심는 일.

_____

| ㄴ | ㅇ | ㅇ |

분하고 섭섭하여 화가 치미는 감정.

_____

독해력 기르기

01 이 글에서 비를 내려 달라고 하늘에 기원하는 제사를 무엇이라고 했는지 빈칸에 알맞은 말을 쓰세요.

| | | |

02 우리 조상들이 지내던 기우제에 대한 설명으로 알맞은 것에 모두 ○ 하세요.

(1) 높은 산에 올라가 연기를 피워 올렸다. (   )

(2) 임금은 직접 기우제를 지내지 않았다. (   )

(3) 큰 강이나 바닷가에서 기우제를 지냈다. (   )

03 가뭄일 때 우리 조상들이 겪은 어려움으로 알맞지 <u>않은</u> 것은 무엇인가요? (   )

① 봄에 비가 내리지 않으면 모내기를 하기 힘들었다.

② 물을 모아 두는 시설을 만들어야 했다.

③ 농사가 제대로 되지 않아 곡식이 부족해졌다.

④ 여름에 비가 내리지 않으면 봄에 뿌린 씨가 잘 자라지 않았다.

⑤ 먹을 것을 구하러 산에 올라가야 했다.

04 옛날에 우리 조상들이 기우제를 지낸 까닭을 알맞게 말하지 <u>못한</u> 친구에 ○ 하세요.

(1) 비가 많이 내리면 농사를 망칠 수 있기 때문에 비가 오지 않게 해 달라고 기우제를 지낸 거야.

(2) 옛날 사람들은 주로 농사를 지으며 살았는데 가뭄이 들면 농사가 제대로 되지 않았기 때문이야.

(3) 비가 내리지 않는 것은 신의 노여움 때문이라고 생각했고, 신에게 비가 내리길 바라는 마음을 전하려고 했기 때문이야.

05 이 글의 주요 내용을 바르게 이해한 친구의 이름을 쓰세요. (   )

서연: 기우제가 역사적으로 변해 온 과정에 대해 설명하는 글이야.

도연: 옛날에 우리 조상들이 기우제를 많이 지냈던 이유와 기우제를 지낸 방법에 대해 설명하는 글이야.

승민: 옛날 사람들이 비가 내리길 빌면서 집 안에서 했던 다양한 행동들에 대해 설명하는 글이야.

06 이 글의 내용을 요약했어요. 빈칸에 들어갈 알맞은 말을 쓰세요.

기우제를 지낸 까닭	①◻◻를 지을 때 비가 제때 내리는 것이 매우 중요했기 때문이다.
기우제를 지낸 방법	· 높은 산에 올라가 ②◻◻를 피워 올리거나 강과 바다에서 비를 내려 달라고 빌었다. · 춤과 노래로 신의 노여움을 풀려고 노력했다. · ③◻◻이 직접 하늘에 간절히 기도했다.

① _____   ② _____   ③ _____

뜻을 더하는 말

뜻에 알맞은 낱말을 쓰세요.

추모
예술   기우

╋

-제
어떤 낱말의 끝에 붙어서 '제사' 또는 '축제'의 뜻을 더한다.

☐☐제	☐☐제	☐☐제
비가 오지 않을 때 비 오기를 빌던 제사.	죽은 사람을 그리워하고 생각하면서 지내는 제사나 행사.	음악, 연극, 무용 등을 공연하는 예술 행사.

 **뜻이 여러 개인 말**

밑줄 친 말이 어떤 뜻으로 쓰였는지 번호를 쓰세요.

① 땅속에 묻힌 것을 파서 꺼내다.   **캐다**   ② 드러나지 않은 사실을 밝혀내다.

(1) 아주머니가 산에서 나물을 <u>캤다</u>.   (   )

(2) 경찰이 사건의 원인을 <u>캐려고</u> 노력했다. (   )

토픽 한 줄 정리   기우제를 지내면 진짜 비가 내렸을까?

☐ 내렸을 거야.   ☐ 내리지 않았을 거야.

왜냐하면 _____

1일 톰 소여의 모험
11-13쪽

어휘 알기

폐쇄, 희망, 보안관

독해력 기르기

01 베키, 동굴

02 (1) × (2) ○ (3) ×

03 ③ 04 (1) ○

05 지유

06 ① 베키 ② 동굴 ③ 보안관

어휘력 더하기

관용 표현 (3) ○

헷갈리는 말 (1) 잃어버렸어 (2) 잊어버렸다 (3) 잊어버렸어

| 독해력 기르기 |

01 톰은 친구 베키와 함께 동굴로 모험을 떠났습니다.

02 톰은 동굴 안에서 인디언 조를 보았지만 그를 피해서 동굴 밖으로 나왔으므로 (1)은 틀린 내용입니다. 톰이 보안관에게 보물에 대해 알려 주지 않았으므로 (3)도 틀린 내용입니다.

03 톰이 동굴 속에서 길을 잃었을 때 겁이 났지만 용감하게 길을 찾아 무사히 동굴을 빠져나온 것으로 미루어 보아, 톰의 성격은 ③ 모험을 두려워하지 않고 용기가 있다는 것을 알 수 있습니다.

04 톰은 동굴에서 길을 잃었을 때 용감하게 행동했으므로 (1)의 감상은 알맞습니다. 톰이 동굴에서 인디언 조를 발견했지만, 마주친 것은 아니므로 (2)는 이야기의 내용을 잘못 이해하고 말한 감상입니다.

05 이 글에서 보안관은 톰에게 다시는 동굴로 모험을 떠나지 말라고 주의를 주고 있는 상황이므로 지유의 의견이 알맞습니다.

06 톰이 한 일을 중심으로 글의 내용을 요약해 봅니다.

| 어휘력 더하기 |

관용 표현 (1) 폭우 때문에 앞이 잘 안 보인다는 의미이므로 ①의 뜻으로 쓰였고, (2) 가까이 있는 것도 안 보인다는 의미이므로 ①의 뜻으로 쓰였습니다. (3) 아는 것이 부족하고 어리석어 한심하다는 의미이므로 ②의 뜻으로 쓰였습니다.

헷갈리는 말 (1) 길을 잃은 상황이므로 '잃어버렸어'가 알맞고, (2) 도시락을 기억하지 못한 것이므로 '잊어버렸다'가 알맞고, (3) 돈을 갚아야 하는 사실을 기억하지 못한 것이므로 '잊어버렸어'가 알맞습니다.

2일 지구의 남쪽 끝을 향한 모험
15-17쪽

어휘 알기

정복, 탐험, 목숨

독해력 기르기

01 ③

02 ④

03 (2) ○

04 (3) ○

05 ① 오슬로 ② 최초 ③ 남극

어휘력 더하기

낱말의 반대말 영하-영상, 최초-최종, 공동-단독

헷갈리는 말 (1) 해친다 (2) 헤치며 (3) 헤치고

| 독해력 기르기 |

01 남극점을 처음 정복한 사람은 아문센입니다.

02 아문센은 남극점에 가는 길에 돌아올 때 먹을 식량을 땅에 묻고 깃발을 꽂아 표시했습니다. 그래서 남극점에 가까워질수록 짐은 점점 줄었고 더 빨리 갈 수 있었다고 하였으므로 ④의 내용은 알맞지 않습니다.

03 이 글은 아문센이 세계 최초로 남극점을 정복한 과정에 대해 설명하는 글입니다.

04 이 글에서 아문센은 남극점 정복에 성공하였으므로 (3)은 글의 내용을 잘못 파악하였습니다. 글의 내용에 대한 생각이나 느낌은 자유롭게 말할 수 있지만 글의 내용을 잘못 파악하고 말한 생각이나 느낌은 알맞지 않습니다.

05 네 개의 문단의 중심 내용을 정리하여 봅니다. 아문센이 남극점을 정복할 때에는 가장 먼저 노르웨이의 오슬로에서 출발하였고, 아문센이 남극을 탐험한 것은 아무도 가 보지 않은 땅을 최초로 정복하기 위해서였습니다. 아문센 탐험의 의미는 그의 용감한 모험 덕분에 남극이 알려지고 사람이 살게 된 것입니다.

| 어휘력 더하기 |

낱말의 반대말 영하의 반대말은 영상, 최초의 반대말은 최종, 공동의 반대말은 단독입니다.

헷갈리는 말 (1) 담배가 건강을 상하게 하는 것이므로 '해친다'가 알맞고, (2) 안개를 물리치며 걸어가는 것이므로 '헤치며'가 알맞고, (3) 배가 물살을 물리치며 나아가는 것이므로 '헤치고'가 알맞습니다.

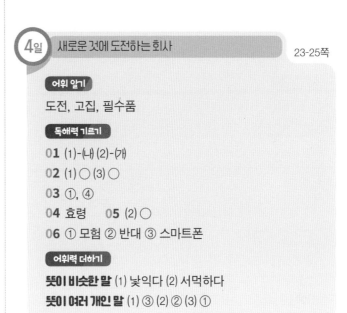

3일 달에 첫발을 내딛다   19-21쪽

어휘 알기

착륙, 궤도, 도약

독해력 기르기

01 닐 암스트롱

02 ⑤

03 (3) ○

04 (3) ○   **05** (2) ○

06 ① 아폴로 ② 궤도 ③ 이글호

어휘력 더하기

감정을 나타내는 말 (1) 긴장 (2) 기대 (3) 흥분
꾸며 주는 말 (1) 그토록 (2) 반드시

4일 새로운 것에 도전하는 회사   23-25쪽

어휘 알기

도전, 고집, 필수품

독해력 기르기

01 (1)-(나) (2)-(가)

02 (1) ○ (3) ○

03 ①, ④

04 효령   **05** (2) ○

06 ① 모험 ② 반대 ③ 스마트폰

어휘력 더하기

뜻이 비슷한 말 (1) 낯익다 (2) 서먹하다
뜻이 여러 개인 말 (1) ③ (2) ② (3) ①

| 독해력 기르기 |

01 '인류 최초로 나, 닐 암스트롱이 달에 첫발을 내딛는'이라는 문장을 통해 이 일기를 쓴 사람의 이름이 '닐 암스트롱'인 것을 알 수 있습니다.

02 달에 착륙한 사람은 이글호를 조종한 버즈 올드린과 닐 암스트롱 두 명입니다. 마이클 콜린스는 아폴로 11호에 남아 있기로 했다고 하였으므로 ⑤는 이 글의 내용으로 바르지 않습니다.

03 이 글을 읽고 나면 닐 암스트롱이 인류 최초로 달에서 모험을 하게 된 과정과 그 의미가 무엇인지 알 수 있습니다.

04 닐 암스트롱이 달에 도착한 뒤에 할 일과 지구로 돌아갈 일을 짐작한 (3)의 내용이 알맞습니다.

05 닐 암스트롱이 이룬 일처럼 과학적 성과로 인해 인류의 삶을 도약한 사건은 라이트 형제가 비행기를 만든 일입니다.

06 닐 암스트롱이 케네디 우주 센터에서 발사한 아폴로 11호를 타고 동료들과 함께 달에 도착하기까지의 과정을 시간 흐름대로 요약해 봅니다.

| 어휘력 더하기 |

감정을 나타내는 말 (1) 정신을 바짝 차린다는 의미이므로 '긴장'이 알맞고, (2) 사람들이 원하는 상황이므로 '기대'가 알맞고, (3) 감정이 북받치는 것을 가라앉히는 상황이므로 '흥분'이 알맞습니다.

꾸며 주는 말 (1) 간절하게 어떤 일을 바란다는 의미이므로 '그토록'이 알맞습니다. (2) 틀림없이 100점을 맞겠다는 의지가 드러나는 문장이므로 '반드시'가 알맞습니다.

| 독해력 기르기 |

01 글의 처음 부분에 모험과 모험 정신의 의미가 설명되어 있습니다.

02 스티브 잡스가 만든 스마트폰은 기존의 휴대 전화에 있던 버튼이 없고 큰 화면으로 된 모습이었다고 하였으므로, (2) 기존의 휴대 전화와 비슷하게 버튼을 누르는 방식이었다는 설명은 바르지 않습니다.

03 이 글에서는 회사가 모험을 한다는 것이 무엇인지 그 의미를 알려 주고, 회사가 모험을 하여 성공한 예로 스마트폰이 만들어진 이야기를 설명하였습니다.

04 스티브 잡스는 이전에 있었던 휴대 전화와 사용 방법이 전혀 다른 스마트폰을 만들어 냈기 때문에 효령이는 글의 내용에 맞지 않는 말을 하여서 알맞지 않습니다.

05 이 글에서 말한 모험을 하는 회사란 실패를 두려워하지 않고 새로운 생각으로 도전하는 정신으로 일을 하는 회사를 말합니다. (2)의 회사가 이러한 모험 정신을 가지고 일을 하는 회사로 알맞습니다.

06 글의 내용을 처음, 가운데, 끝의 세 부분으로 정리하여 봅니다.

| 어휘력 더하기 |

뜻이 비슷한 말 (1) '익숙하다'와 뜻이 비슷한 말은 '낯익다'이고, (2) '낯설다'와 뜻이 비슷한 말은 '서먹하다'입니다.

뜻이 여러 개인 말 (1) 소문이 선생님께 전달된 것이므로 ③의 뜻으로 쓰였고, (2) 버스가 도착한 것이므로 ②의 뜻으로 쓰였고, (3) 내 손과 친구의 손이 맞붙은 것이므로 ①의 뜻으로 쓰인 것입니다.

해답·해설 **2주** 숲

---

⑤일 **부모님을 찾아 떠난 오늘이**   27-29쪽

어휘 알기

명령, 해결, 훗날

독해력 기르기

01 원천강

02 (1) ○ (2) × (3) × (4) ○

03 ②, ④   **04** ⓝ→⑦→ⓓ

05 (2) ○   **06** ① 부모님 ② 문제 ③ 약속

어휘력 더하기

움직임을 나타내는 말 (1) 휘젓었다 (2) 가로저었다

(3) 내달았다 (4) 나섰다

이어 주는 말 (1) 그렇지만 (2) 하지만 (3) 그러므로

| 독해력 기르기 |

01 오늘이는 부모님을 만나기 위해 원천강으로 모험을 떠났습니다.

02 오늘이는 사람들이 알려 준 길을 따라가서 원천강에 도착한 것이 므로 (2)의 설명은 알맞지 않습니다. 또 오늘이는 사람들에게 문제 를 해결할 방법을 알아보고 다시 돌아온다고 약속했으므로 (3)의 설명도 알맞지 않습니다.

03 오늘이는 원천강에 가는 일을 포기하지 않았으므로 ②의 설명은 알맞지 않습니다. 오늘이는 사람들의 말을 믿고 그들이 가르쳐 준 길을 따라갔으므로 ④의 설명도 알맞지 않습니다.

04 오늘이는 원천강에 가서 부모님을 만나 며칠을 함께 지내고, 부모 님에게 사람들의 문제를 해결할 수 있는 방법을 배웁니다. 그리고 자신이 살던 곳으로 돌아갑니다.

05 오늘이는 부모님을 만나러 모험을 떠난 것에 대해 후회하지 않았 으므로 (2)는 이야기 내용을 잘못 파악하고 말한 감상입니다.

06 시간의 순서에 따라 글을 요약해 봅니다.

| 어휘력 더하기 |

움직임을 나타내는 말 '휘젓다'와 '가로젓다'는 고개나 손을 움직이는 정 도에 차이가 있습니다. '나서다'는 어딘가를 떠난다는 뜻이고, '내닫다' 는 힘차게 뛰어나가는 동작을 나타냅니다.

이어 주는 말 (1) 두 문장이 서로 반대되는 내용이므로 '그렇지만'이 알 맞습니다. (2) 떠나기 싫은 마음과 길을 떠나는 것도 서로 반대되는 내 용이므로 '하지만'이 알맞습니다. (3) 앞 문장이 뒷문장의 원인이 되므 로 '그러므로'가 알맞습니다.

---

①일 **숲의 소리**   33-35쪽

어휘 알기

잘다, 호르르, 가쁘다

독해력 기르기

01 새소리

02 (2) ○

03 ⑤   **04** 준이

05 (1) ○ (3) ○

06 ① 숲 ② 새소리 ③ 발소리

어휘력 더하기

이름을 나타내는 말 (1) 오르막(길) (2) 골목(길) (3) 둘레(길)

흉내 내는 말 (1) 뿡뿡 (2) 철썩철썩

| 독해력 기르기 |

01 '호르르 짹째르르 사사사사'라는 흉내 내는 말을 통해 이 시에서 말하는 숲의 소리는 새소리라는 것을 알 수 있습니다.

02 〈2연〉은 말하는 이가 숲에 걸어 들어오자 새소리가 갑자기 들리 지 않게 된 상황을 의미합니다.

03 말하는 이가 소리를 내지 않으려고 노력하자 새소리가 다시 들리 기 시작했으므로 ⑤의 내용은 알맞지 않습니다.

04 말하는 이가 조용한 숲에 올라 새들의 소리에 귀 기울이고, 새들 이 놀란 것 같아 조심하는 모습을 통해 숲의 새들을 존중하는 따 뜻한 마음을 느낄 수 있습니다. 새를 무서워하는 마음은 드러나지 않으므로 준이의 감상은 바르지 않습니다.

05 ㉠은 귀로 들은 소리를 생생하게 표현한 흉내 내는 말입니다. (2) 에 쓰인 흉내 내는 말은 거북이 움직이는 모양을 생생하게 표현한 것으로 차이가 있습니다.

06 이 시에서 말하는 이가 겪은 일과 느낀 점을 중심으로 시의 내용 을 정리해 봅니다.

| 어휘력 더하기 |

이름을 나타내는 말 오르막길은 낮은 곳에서 높은 곳으로 이어지는 길 이고, 골목길은 동네 안을 이리저리 통하는 좁은 길입니다. 호수 등의 둘레에 산책할 수 있도록 만든 길은 둘레길입니다.

흉내 내는 말 (1) 방귀를 뀔 때 나는 소리를 흉내 내는 말로 어울리는 것은 '뿡뿡'입니다. (2) 파도의 소리를 흉내 내는 말로 어울리는 것은 '철썩철썩'입니다.

2일 곶자왈에 다녀와서
37-39쪽

어휘 알기

탐방, 훼손, 사시사철

독해력 기르기

01 곶자왈

02 ①

03 ⓝ → ⓓ → ㉮

04 (2) ×   05 (1) ○

06 ① 곶자왈 ② 여름 ③ 보존

어휘력 더하기

이름을 나타내는 말 (1) 폭발 (2) 용암 (3) 화산 (4) 마그마

뜻이 여러 개인 말 (1) ② (2) ①

3일 동물들의 겨울나기
41-43쪽

어휘 알기

밑동, 견디다, 보금자리

독해력 기르기

01 겨울나기

02 ②

03 ④

04 민준   05 (3) ○

06 ① 겨울잠 ② 먹이 ③ 털갈이

어휘력 더하기

합쳐진 말 (1) 겨울잠 (2) 털갈이 (3) 여기저기

틀리기 쉬운 말 (1) ◎ (2) ☒ (3) ◎

| 독해력 기르기 |

01 첫 번째 문단을 읽어 보면 글쓴이가 제주도에 있는 곶자왈 도립 공원에 다녀와서 쓴 글임을 알 수 있습니다.

02 곶자왈은 화산 폭발로 생긴 섬인 제주도의 땅에 생겨난 숲이므로 ①의 내용은 바르지 않습니다.

03 세 번째 문단에서 해설사의 설명 부분에 곶자왈이 형성된 과정이 나와 있습니다. 화산 폭발로 생긴 제주도에 용암이 흘러내리며 다양한 크기의 돌들로 이뤄진 땅이 생겼고, 그 땅에 형성된 숲이라는 설명대로 과정을 바르게 맞춰 봅니다.

04 곶자왈이 겨울에 따뜻하다는 해설사의 설명은 나와 있지만, 겨울에 곶자왈에 가고 싶다는 글쓴이의 생각은 드러나 있지 않으므로 (2)가 알맞지 않습니다.

05 글쓴이는 숲을 훼손하지 않도록 조심해야겠다는 자신의 생각을 말했을 뿐, 다른 사람들이 곶자왈을 보호해야 한다고 주장한 것은 아니므로 (2)는 글의 내용을 잘못 이해하고 평가한 것입니다.

06 글쓴이가 제주 곶자왈 도립 공원을 견학하며 어디에서 무엇을 보고, 어떤 생각을 했는지 파악하며 글의 내용을 요약해 봅니다.

| 어휘력 더하기 |

이름을 나타내는 말 화산과 관련된 낱말들을 익혀 봅니다. 화산 그림과 낱말의 뜻을 보며 알맞은 낱말을 써 봅니다.

뜻이 여러 개인 말 (1) 나무와 수풀이 모여 숲이 된 것이므로 ②의 뜻으로 쓰인 것입니다. (2) 내가 원하던 뜻을 이뤘다는 의미이므로 ①의 뜻으로 쓰인 것입니다.

| 독해력 기르기 |

01 이 글은 숲속 동물들의 겨울나기 방법을 다양한 동물을 예로 들어 설명하는 글입니다.

02 다람쥐는 나무 구멍 속에서 겨울잠을 자다가 깨어나면 숨겨 둔 먹이를 찾아 먹고 다시 잔다고 했으므로 ②는 알맞은 설명이 아닙니다.

03 토끼는 겨울 동안 털갈이를 하고 여전히 숲을 뛰어다닌다고 했습니다. 따라서 토끼가 겨울잠을 자지 않는 동물입니다.

04 이 글에서 겨울잠을 자지 않는 동물들에게 숲은 여전히 고마운 사냥터이자 보금자리가 되어 준다고 했으므로 민준이는 글의 내용을 제대로 파악하지 못했습니다.

05 곰은 겨울이 되기 전 많이 먹어서 에너지를 쌓아 두고, 겨울 동안 거의 움직이지 않으며 겨울잠을 잔다고 했으므로 (3) 고슴도치가 곰과 비슷한 방법으로 겨울을 나는 동물이라고 할 수 있습니다.

06 이 글은 숲속 동물들의 겨울나기 방법을 알려 주기 위해 분류의 방식을 이용하여 설명하는 글입니다. 동물의 종류에 따라 겨울나기 방식이 어떻게 차이가 있는지를 파악하며 글의 내용을 요약해 봅니다.

| 어휘력 더하기 |

합쳐진 말 낱말과 낱말이 합쳐져 새로운 뜻을 가진 낱말들을 익혀 봅니다.

틀리기 쉬운 말 '웬만하다'가 바른 표기이고, '왠만하다'는 틀린 표기입니다.

4일 정글에서 자란 모글리 45-47쪽

어휘 알기

덫, 협박하다, 우두머리

독해력 기르기

01 ⑤

02 (1) ○ (2) ○   **03** ②

04 윤지   **05** (2) ○

06 ① 호랑이 ② 늑대 ③ 사냥

어휘력 더하기

뜻이 비슷한 말 망설이다-머뭇거리다, 숙이다-수그리다,
일깨우다-깨우치다
관용 표현 (1) 못 하는 (2) 못 할걸 (3) 않고

| 독해력 기르기 |

01 호랑이 시어칸이 모글리를 내놓으라고 했다는 문장을 통해 모글리를 도와주지 않은 동물은 시어칸이라는 것을 알 수 있습니다.

02 아빠 늑대는 정글에서 일어나는 모든 일에는 의미가 있으므로 어떤 일이 왜 일어났는지 신경을 써야 한다고 알려 주었습니다. 그러므로 (3)의 내용은 알맞지 않습니다.

03 모글리가 덫에 걸리지 않을 거라고 생각하는 부분이 나오므로 ②는 알맞지 않은 내용입니다.

04 이 글에는 모글리가 동물들의 보살핌을 받고 동물들과 사이좋게 지내는 모습이 나오므로 윤지는 등장인물의 특징을 잘못 파악하고 생각을 말했습니다.

05 바기라가 동물들은 심심하다고 약한 녀석들을 괴롭히지 않는다고 했으므로 (1)의 예측은 바르지 않습니다. 모글리는 어리석지 않으므로 (3)의 예측도 바르지 않습니다.

06 이야기의 흐름을 따라가며 알맞은 말을 넣어 요약해 봅니다.

| 어휘력 더하기 |

뜻이 비슷한 말 '망설이다'는 '머뭇거리다', '숙이다'는 '수그리다', '일깨우다'는 '깨우치다'와 서로 뜻이 비슷합니다.

관용 표현 (1) 아내의 기운에 눌려 기를 펴지 못한다는 의미이므로 '꼼짝 못 하는'이 알맞고, (2) 모글리가 시어칸에게 함부로 하지 못한다는 의미이므로 '꼼짝 못 할걸'이 알맞고, (3) 늑대가 전혀 움직이지 않는다는 의미이므로 '꼼짝 않고'가 알맞습니다.

5일 맹그로브 숲을 지켜요 49-51쪽

어휘 알기

땔감, 방파제, 양식장

독해력 기르기

01 맹그로브, 보호

02 (1) ○ (3) ○   **03** ④

04 선우   **05** (1) ○

06 ① 파괴 ② 맹그로브 ③ 보호

어휘력 더하기

직업을 나타내는 말 (1) 기상학자 (2) 환경 운동가 (3) 양식업자 (4) 기자
꾸며 주는 말 (1) 널리 (2) 무척 (3) 더욱

| 독해력 기르기 |

01 이 글은 맹그로브를 보호해야 하는 상황에 대해 알리는 기사문이므로 가장 중요한 낱말은 '맹그로브'와 '보호'입니다.

02 맹그로브가 파도를 막는 방파제가 되어 줄 수 있는데 맹그로브가 파괴되어 피해가 커졌다는 설명이므로 (2)에서 방파제를 만들기 위해 맹그로브를 파괴했다는 설명은 알맞지 않습니다.

03 이 글에서는 맹그로브가 미래에 어떤 모습일지에 대해 설명하고 있지 않으므로 알 수 없는 내용은 ④입니다.

04 이 글은 맹그로브 숲이 파괴되는 원인과 맹그로브 숲이 파괴되었을 때의 문제점을 설명하며 맹그로브를 보호해야 하는 필요성을 알려 주는 기사문이므로 선우의 의견이 알맞습니다.

05 이 글에서는 맹그로브가 사람들의 편의에 의해 파괴되고 있는 문제점을 언급하고 있으므로 맹그로브의 무분별한 훼손을 막아야 한다고 말한 (1)의 의견이 알맞습니다.

06 이 글은 맹그로브 숲의 파괴와 그로 인한 피해 상황을 설명하고, 맹그로브 보호에 관심을 가져야 한다는 내용을 담은 기사문입니다. 글의 흐름을 따라가며 내용을 요약해 봅니다.

| 어휘력 더하기 |

직업을 나타내는 말 직업을 나타내는 말을 익혀 봅니다.
꾸며 주는 말 (1) 맹그로브 숲이 바닷가에 많이 있다는 의미이므로 '널리'가 어울리고, (2) 아주 많은 사람들이 목숨을 잃었다는 의미로, '무척'이 어울립니다. (3) 공기가 더 나빠질 것이라는 의미이므로 '더욱'으로 꾸며 줄 수 있습니다.

3주 전통

1일 삼신할머니 이야기
55-57쪽

어휘 알기

용왕, 저승, 옥황상제

독해력 기르기

01 ④

02 ②

03 (1)-(나) (2)-(다) (3)-(가)

04 (3) ○

05 ① 점지 ② 꽃나무 ③ 삼신할머니

어휘력 더하기

색깔을 나타내는 말 (1) 검푸르다 (2) 새파랗다 (3) 푸르스름하다

뜻이 여러 개인 말 (1) ② (2) ③ (3) ①

| 독해력 기르기 |

01 삼신할머니가 기른 꽃나무는 가지를 많이 뻗고 예쁜 꽃을 피웠다고 했으므로 ④가 알맞지 않습니다.

02 갓 태어난 아기가 울지도 움직이지도 않을 때 삼신할머니가 아기의 엉덩이를 때려 숨을 쉬게 하였고, 그때부터 우리나라 아기들은 엉덩이에 검푸른 멍을 가지고 태어나게 되었다고 했습니다.

03 삼신할머니는 아기를 점지하고 돌보는 일을 잘했고, 용왕의 딸은 아기를 점지했지만 아기를 잘 낳게 하지는 못합니다. 옥황상제는 삼신할머니에게 아기를 점지하고 돌보는 일을 맡겼습니다.

04 의학이 발달하지 않아 아기를 낳고 보살피는 것이 힘들었던 시절에 옛사람들의 믿음을 알 수 있는 이야기로, 이러한 신화의 가치를 잘못 판단한 (3)의 감상은 알맞지 않습니다.

05 이 글은 조상들이 삼신할머니에게 아기를 잘 낳게 해 달라고 비는 전통과 관계된 신화입니다. 주요 인물이 한 일을 중심으로 전체 내용을 요약해 봅니다.

| 어휘력 더하기 |

색깔을 나타내는 말 색깔의 진한 정도에 따라 색을 나타내는 말이 다르다는 것을 익혀 봅니다.

뜻이 여러 개인 말 (1) 오므렸던 다리를 펴라는 의미이므로 ②의 뜻으로 쓰인 것이고, (2) 도로가 길게 이어져 있다는 의미이므로 ③의 뜻으로 쓰인 것이고, (3) 꽃나무의 가지가 길게 자랐다는 의미이므로 ①의 뜻으로 쓰인 것입니다.

2일 소망을 담은 그림, 민화
59-61쪽

어휘 알기

후기, 병풍, 양반집

독해력 기르기

01 민화

02 (1)-(나) (2)-(가)

03 (2) ○ (3) ○

04 (1) ○ (2) × (3) ○

05 (2) ○

06 ① 조선 ② 까치 ③ 소망

어휘력 더하기

낱말 퍼즐

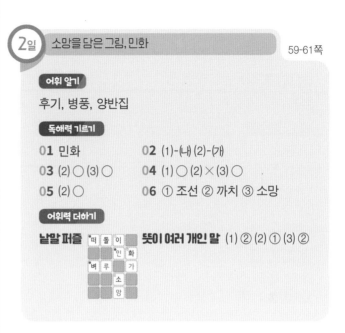

뜻이 여러 개인 말 (1) ② (2) ① (3) ②

| 독해력 기르기 |

01 민화 전시회에 다녀와서 민화에 대한 설명과 감상을 쓴 견학 기록문입니다.

02 호작도는 호랑이와 까치를 함께 그린 그림이고, 책가도는 책장과 서책을 중심으로 각종 문방구 등을 그린 그림입니다.

03 옛사람들은 좋은 소식이 가득하고 나쁜 기운을 물리치기를 바라는 마음으로 호랑이와 까치가 함께 있는 호작도를 집에 걸었다고 했습니다.

04 글쓴이는 호작도 속 호랑이의 모습이 하나같이 재미있다고 생각했으므로 (2)의 설명은 알맞지 않습니다.

05 글쓴이는 민화에 옛사람들의 소망이 담겨 있어서 오래오래 남았으면 좋겠다고 생각했으므로 (1)은 글쓴이의 생각을 잘못 판단하고 말한 것입니다.

06 글쓴이가 민화 전시회에 가서 알게 된 점과 느낀 점을 중심으로 글의 전체 내용을 요약해 봅니다.

| 어휘력 더하기 |

낱말 퍼즐 퍼즐에 제시된 첫 글자와 낱말의 뜻을 보고, 알맞은 낱말을 써 봅니다.

뜻이 여러 개인 말 (1) 소망을 그림에 나타냈다는 의미이므로 ②의 뜻으로 쓰인 것이고, (2) 딸기를 그릇에 넣었다는 의미이므로 ①의 뜻으로 쓰인 것이고, (3) 편지에 마음을 나타냈다는 의미이므로 ②의 뜻으로 쓰인 것입니다.

3일 잭과 호박 등
63-65쪽

어휘 알기

신세, 구두쇠, 잽싸다

독해력 기르기

01 호박 등
02 (1)✕ (2)○ (3)✕ (4)○
03 (1)○   **04** 예빈
05 (3)○
06 ① 잭 ② 악마 ③ 호박

어휘력 더하기

흉내 내는 말 졸졸, 덜덜
올바른 표기 (1) 주스 (2) 로봇 (3) 케이크 (4) 에어컨

| 독해력 기르기 |

01 미아가 언니에게 핼러윈에 호박 등을 켜는 이유를 물었고, 언니가 그 이야기를 들려주었습니다.

02 잭은 천국에 가지 못하고 외롭게 세상을 떠돌았으므로 (1)은 알맞지 않습니다. 악마는 잭에게 지옥문을 열어 주지 않았으므로 (3)도 알맞지 않습니다.

03 이 글의 마지막에 잭의 영혼을 위로하기 위해서 호박 등을 켠다는 설명이 나와 있으므로 (1)이 알맞습니다.

04 악마가 지옥문을 열어 주지 않은 까닭은 잭이 살아 있을 때 악마를 골탕 먹인 일 때문입니다. 악마의 행동에 대한 이유를 바르게 짐작한 친구는 예빈입니다.

05 잭이 악마에게 한 행동은 악마를 물리치기 위해 지혜를 발휘하여 한 행동이므로 이것을 나쁜 행동이라고 생각하고 감상을 말한 (3)의 의견은 알맞지 않습니다.

06 이 글은 이야기 속에 또 하나의 이야기가 들어 있는 구조입니다. 이러한 구조를 이해하고 전체 글의 내용을 요약해 봅니다.

| 어휘력 더하기 |

흉내 내는 말 따라오는 모습을 흉내 내는 말은 '졸졸', 몸이 떨리는 모습을 흉내 내는 말은 '덜덜'입니다.
올바른 표기 주스, 로봇, 케이크, 에어컨이 외래어 표기법에 맞는 말입니다.

4일 전통의 나라 영국을 소개합니다
67-69쪽

어휘 알기

선거, 부두, 화력 발전소

독해력 기르기

01 전통
02 (3)✕
03 (1)-(다) (2)-(나) (3)-(가)
04 지원   **05** (2)○
06 ① 전통 ② 국왕 ③ 영국

어휘력 더하기

직업을 나타내는 말 (1) 근위병 (2) 총리 (3) 여왕
헷갈리는 말 (1) 낡아서 (2) 늙은 (3) 늙은

| 독해력 기르기 |

01 이 글은 영국이 전통을 통해 발전하는 모습에 대해 소개하는 글로, 중심 낱말은 '전통'입니다. 옛날부터 전해 내려오는 문화나 생활 모습 같은 것을 '전통'이라고 말한다고 하였습니다.

02 영국의 국왕은 옛날처럼 국민을 다스리는 것이 아니라고 하였습니다. 나라의 일을 할 사람은 국민이 투표를 하여 뽑고, 영국의 국왕은 영국을 대표하고 전통을 보여 주는 일을 합니다.

03 이 글에서 오래된 옛 시청은 전시관으로, 오래된 화력 발전소는 미술관으로, 부두에 있는 백 년이 넘는 창고는 상점으로 새롭게 꾸며 사용한다고 하였습니다.

04 영국에 국왕과 근위병이 있지만 옛날과는 다른 역할을 하고, 전통 방식으로 지어진 낡은 건물을 다른 방법으로 활용하는 것으로 보아, 영국 사람들은 전통을 지키면서 동시에 발전시키려는 생각을 가지고 있는 것을 알 수 있습니다.

05 영국처럼 전통을 지키면서 사람들에게 필요하도록 발전시킨 예는 (2) 역사와 전통이 있는 마을을 보존하여 만든 관광지입니다.

06 글의 내용을 처음, 가운데, 끝의 세 부분으로 정리하여 봅니다.

| 어휘력 더하기 |

직업을 나타내는 말 글에 나온 직업을 나타내는 말들을 익혀 봅니다.
헷갈리는 말 '낡다'와 '늙다' 모두 오래된 것을 뜻하지만, 대상에 따라 쓰임이 다릅니다. (1) 건물은 물건이므로 '낡아서'가 알맞고, (2) 호박은 식물이므로 '늙은'이 알맞고, (3) 개는 동물이므로 '늙은'이 알맞습니다.

해답·해설  **4주** **자연재해**

5일 연날리기
71-73쪽

어휘 알기

연줄, 단오, 정월 대보름

독해력 기르기

01 연날리기
02 (2) ○ (3) ○
03 (1)-㈐ (2)-㈏ (3)-㈎
04 ② **05** (1) ○
06 ① 연날리기 ② 방패연 ③ 명절

어휘력 더하기

주제어 (1)-㈏ (2)-㈎ (3)-㈐
시키는 표현 (1) 먹이다 (2) 입히다 (3) 날리고

| **독해력 기르기** |

01 이 글은 전통 놀이인 연날리기 방법을 설명하는 글입니다.

02 (1) 연을 여러 개 이어 붙여 날리는 방법은 중국의 연날리기 방법에 대한 설명이므로 우리나라의 연날리기 방법이 아닙니다.

03 이 글에서 우리나라는 설날부터 정월 대보름까지 연날리기를 했고, 중국에서는 주로 봄에 연을 날렸으며 일본에서는 설날과 단오 같은 명절에 연을 가지고 놀았다고 하였습니다.

04 이 글에서 중국에서는 연싸움을 하지 않았다고 했으므로 ②는 알맞지 않은 내용입니다.

05 이 글에서 연싸움 놀이를 할 때에는 방향을 조종하기 쉬운 방패연을 사용하는 것이 좋다고 했으므로 (1)은 글의 내용을 바르게 파악하지 못하고 세운 계획입니다.

06 이 글은 우리나라, 중국, 일본의 연날리기 방법을 공통점과 차이점에 따라 설명하고 있습니다. 나라별 연날리기 방식에 어떤 특징이 있는지 알아보며 글을 요약해 봅니다.

| **어휘력 더하기** |

주제어 연날리기처럼 우리나라의 전통 놀이 이름을 익혀 봅니다.
시키는 표현 우리말의 동사에는 어떤 대상에게 행동이나 동작을 시키는 표현이 있습니다. '먹다'는 '먹이다', '입다'는 '입히다', '날다'는 '날리다'가 시키는 표현입니다.

1일 포세이돈과 오디세우스
77-79쪽

어휘 알기

풍랑, 외눈, 삼지창

독해력 기르기

01 (1)-㈏ (2)-㈎ (3)-㈐
02 (3) ○
03 ⑤
04 시우
05 ① 바다 ② 외눈 ③ 폭풍우

어휘력 더하기

뜻을 더하는 말 (외)길, (외)아들, (외)마디
빗대어 표현하는 말 (1) 궁궐 (2) 방울 (3) 얼음

| **독해력 기르기** |

01 이 글에 나온 등장인물의 특징을 파악해 봅니다. 포세이돈은 바다의 신으로 입김을 불어 바다에 폭풍우를 일으킵니다. 오디세우스는 그리스의 영웅으로 바다를 항해하다가 거인들의 동굴에 들어가게 됩니다. 폴리페모스는 외눈 거인이며 포세이돈의 아들입니다.

02 (1) 오디세우스의 부하들을 잡아먹은 것은 폴리페모스이고, (2) 폴리페모스의 외눈을 찌른 것은 오디세우스입니다. 포세이돈이 한 일은 (3)이 알맞습니다.

03 오디세우스가 바다를 떠돌아야 했던 이유는 포세이돈이 일으킨 폭풍우 때문에 배도 사람들도 모두 바닷속으로 가라앉았기 때문입니다.

04 바다의 신은 포세이돈이므로 시우는 이야기의 내용을 잘못 이해하고 감상을 말했습니다.

05 오디세우스가 폴리페모스의 땅에 도착하여 겪은 일을 중심으로 글의 내용을 요약해 봅니다.

| **어휘력 더하기** |

뜻을 더하는 말 '외-'를 붙여 '혼자인', '하나인'의 뜻을 담은 낱말을 써 봅니다.
빗대어 표현하는 말 설명하고자 하는 대상의 특징과 비슷한 것에 빗대어 표현해 봅니다.

어휘 알기

징후, 별장, 재앙

독해력 기르기

01 화산 폭발

02 (1) ○ (3) ○   **03** ②

04 (1) ○   **05** (2) ○

06 ① 폼페이 ② 화산재 ③ 자연재해

어휘력 더하기

뜻이 비슷한 말 알아채다-감지하다, 준비하다-대비하다, 살피다-감시하다

관용 표현 (1) ⊙ (2) ⊙ (3) ⊠

| 독해력 기르기 |

01 폼페이에 화산 폭발이 일어나 도시 전체가 사라진 일이 있다고 했습니다.

02 하늘과 땅을 뒤흔드는 커다란 폭발음이 들리면서 베수비오산이 폭발했다고 했으므로 (2)의 설명은 알맞지 않습니다.

03 이 글에서 화산 폭발로 인해 2000여 명의 사람들이 목숨을 잃었다고 했으므로 ②의 설명은 알맞지 않습니다.

04 화산 폭발이 무시무시한 자연재해이기 때문에 인공위성과 최신 장비를 이용하여 화산 폭발을 예측하기 위해 노력하고 있다는 설명이 이 글의 마지막 부분에 나와 있습니다. (2)는 까닭 부분이 잘못되었기 때문에 알맞은 답이 아닙니다.

05 이 글은 화산에 대해 설명한 글이므로 (1)과 (3)은 화산과 관련된 예를 잘 들었으나 (2)는 산불에 대한 예를 들었으므로 알맞지 않습니다.

06 화산 폭발로 인해 사라졌던 폼페이에 대한 내용과 화산 폭발에 대비하는 방법을 설명하는 내용을 나누어 요약해 봅니다.

| 어휘력 더하기 |

뜻이 비슷한 말 (1) '알아채다'의 비슷한말은 '감지하다', (2) '준비하다'의 비슷한말은 '대비하다', (3) '살피다'의 비슷한말은 '감시하다'입니다.

관용 표현 '눈 깜짝할 사이'는 매우 짧은 순간을 나타내는 표현이므로 (3) 달팽이가 기어가는 속도와는 어울리지 않는 표현입니다.

어휘 알기

붕괴, 대피, 토대

독해력 기르기

01 (3) ○

02 (1)-(나) (2)-(가)

03 (2) ×

04 유진   **05** ④

06 ① 지진 ② 화산 ③ 대피

어휘력 더하기

물(物)이 들어간 낱말 (재)물, (사)물

헷갈리는 말 (1) 꾀 (2) 꽤 (3) 꽤

| 독해력 기르기 |

01 이 글은 지진에 대비하는 방법에 대해 설명하는 글입니다.

02 이 글에서는 지진에 대비하는 여러 가지 방법을 설명하고 있습니다. 각각의 방법을 설명하는 중심 문장 뒤에 그 구체적인 예가 나와 있습니다.

03 이 글의 마지막 부분에 최근 우리나라에서 규모가 큰 지진이 발생했다고 언급한 부분이 있지만 그 까닭을 구체적으로 설명하지는 않았으므로 이 글을 읽고 알 수 없는 것은 (2)입니다.

04 이 글의 두 번째 문단에서 과학자들이 지진을 예측하기 위한 연구를 하고 있다고 했으므로 유진은 이 글을 바르게 이해하지 못했습니다.

05 이 글은 지진이 일어나기 전에 미리 준비하여 그 피해를 줄일 수 있는 방법을 설명하는 글입니다. ④ '넘어지기 전에 지팡이 짚다'라는 속담은 어떤 일에 실패하거나 화를 입기 전에 미리 준비한다는 뜻이므로 이 글에 어울립니다.

06 지진에 대비하는 방법을 중심으로 글의 내용을 요약해 봅니다.

| 어휘력 더하기 |

물(物)이 들어간 낱말 한자 물(物)이 들어간 낱말은 물건을 뜻한다는 것을 이해하며 한자어를 완성해 봅니다.

헷갈리는 말 (1) 친구의 묘한 생각에 넘어갈 뻔했다는 의미이므로 '꾀'가 알맞고, (2) 밥을 보통보다 많이 먹었다는 의미이므로 '꽤'가 알맞고, (3) 삼촌이 제법 괜찮은 집에 산다는 의미이므로 '꽤'가 알맞습니다.

어휘 알기

후손, 산더미, 부여잡다

독해력 기르기

01 큰비

02 ④   **03** (1) ○ (2) ○

04 수민   **05** (1)-(내) (2)-(개)

06 ① 계수나무 ② 개미 ③ 딸

어휘력 더하기

뜻이 비슷한 말 흘러넘치다-넘쳐흐르다, 삼키다-집어삼키다, 밀려오다-몰려오다

뜻을 더하는 말 (1) 뿌리째 (2) 그릇째 (3) 껍질째

어휘 알기

가뭄, 모내기, 노여움

독해력 기르기

01 기우제

02 (1) ○ (3) ○

03 ②

04 (1) ○   **05** 도연

06 ① 농사 ② 연기 ③ 임금

어휘력 더하기

뜻을 더하는 말 (1) 기우(제) (2) 추모(제) (3) 예술(제)

뜻이 여러 개인 말 (1) ① (2) ②

| 독해력 기르기 |

01 이 이야기의 주요 사건은 큰비가 내려 홍수가 난 것입니다.

02 살아 있는 생명이 하나도 보이지 않다가 얼마 뒤 나무 도령이 다시 개미, 모기 떼, 소년 등을 만났으므로 ④는 알맞은 내용이 아닙니다.

03 나무 도령은 강물이 많아지자 계수나무에 올라타 섬에 간 것이므로 (3)은 알맞지 않은 내용입니다.

04 나무 도령은 큰비 때문에 모든 것이 물에 잠기는 모습을 보며 두려워했으므로 수민이의 말은 알맞지 않습니다.

05 이 글에서 일어난 일의 원인과 결과를 파악해 봅니다. 큰비가 쉬지 않고 내려서 계수나무가 뿌리째 뽑혔습니다. 나무 도령이 한 소년을 발견했으므로 나무 도령은 소년을 구해 주었습니다.

06 일이 일어난 차례에 따라 글의 내용을 요약해 봅니다.

| 어휘력 더하기 |

뜻이 비슷한 말 '흘러넘치다'와 '넘쳐흐르다'가 서로 뜻이 비슷한 말이고, '삼키다'와 '집어삼키다'의 뜻이 비슷합니다. '몰려오다'는 파도, 구름 따위가 한꺼번에 밀려온다는 뜻이므로 '밀려오다'와 비슷한 말입니다.

뜻을 더하는 말 (1) 나무가 전부 뽑혔다는 의미이므로 '뿌리째'가 알맞고, (2) 음식이 든 그릇까지 들고 먹었다는 의미이므로 '그릇째'가 알맞고, (3) 껍질까지 모두 먹는 것이 좋다는 의미이므로 '껍질째'가 알맞습니다.

| 독해력 기르기 |

01 이 글은 우리 조상들이 기우제를 어떻게 지냈는지에 대해 설명하는 글입니다.

02 심한 가뭄이 들면 임금이 직접 기우제를 지냈다고 했으므로 (2)는 알맞지 않은 내용입니다.

03 옛날에는 물을 모아 두는 시설이 부족해서 가뭄의 피해가 컸다고 했으므로 ②는 우리 조상들이 겪은 어려움으로 알맞지 않습니다.

04 기우제는 가뭄이 들었을 때 비를 내리게 해 달라고 기원하는 제사이므로 (1)은 기우제의 의미를 바르게 이해하지 못하고 말한 의견입니다.

05 이 글에는 기우제의 변천 과정이나 가정에서 했던 기우제 방법에 대한 설명은 나와 있지 않으므로 이 글의 주요 내용을 바르게 말한 친구는 도연입니다.

06 옛날 우리 조상들이 기우제를 많이 지낸 까닭과 기우제를 지낸 방법을 중심으로 글의 내용을 요약해 봅니다.

| 어휘력 더하기 |

뜻을 더하는 말 낱말 끝에 '제'를 더하여 '제사' 또는 '축제'를 뜻하는 말을 만들어 봅니다.

뜻이 여러 개인 말 (1) 땅속에 묻힌 나물을 파서 꺼냈다는 의미이므로 ①의 뜻으로 쓰인 것이고, (2) 드러나지 않은 원인을 밝히려고 노력했다는 의미이므로 ②의 뜻으로 쓰인 것입니다.